바사 BASA 와 함께하는

'증거기반 수학 문장제 교수-학습 전략'

Evidence-based Teaching Strategies for Math Word Problems

| 김동일 저 |

학지사

2013년 서울대학교 교육종합연구원의 연구소 지원금에 의한 저작물임.

중재반응모형(RTI)의 중요성이 강조되면서 교육 연구에 의해 증거가 제시된 교육 실천을 해야 하며, 공식적인 연구에 따른 검증 근거가 없는 경우는 연구자로서의 개별 교사가 학생의 성취 성과를 확인할 수 있는 교육실천을 현장에 적용해야 합니다. 이 같은 상황에 맞추어 증거기반 교육실천(Evidence-Based Instruction or Evidence-Based Practice)이 교육학 및 특수교육 분야에서 주목을 받기 시작하였습니다.

특히 우리나라에서는 수학 문장제 문제해결력을 교육 현장에서 가르치기 위해 증거기반 교수-학습 전략을 적용하고 그 효과성을 평가하기 위한 '기초학습기능 수행 평가체제: 수학 문장제(BASA: MWP)'가 개발되어 널리 활용되고 있습니다. 이에 따라 평가체제에 걸맞은 사례 연구와 효과적인 교수-학습 전략의 보급에 대한 요구가 점차 높아지고 있습니다. 이 책에서는 아동의 잠재적 교육 발전 가능성을 높이고, 교육 현장에서의 다양한 교수-학습 전략 개발을 시도하려는 여러 교육 전문가와 교사를 돕기 위해 다음과 같은 점을 강조하고 있습니다.

첫째, 이 책은 총 6개 장으로 구성되어 각 전략에 대한 소개, 효과성 연구의 개관, 실제 교수·전략 지침서 및 워크북이 제시되어 있습니다.

둘째, 이 책에 제시된 수학 문장제 교수-학습 전략은 그동안 현장 교사 및 관련 전문가들이 직접 수행하고 실험해 본 국내의 '증거기반' 현장 연구에 근거하여 정리, 서술된 것입니다.

셋째, 하나의 이론적 배경에만 매몰되지 않고 다양한 수학 문장제 교수-학습 전략 프로그램을 이해하고 분석하며, 실제 프로그램을 직접 '만져 보고' 수행해 보면서 그 효과성을 확인할 수 있는 기회를 제공하고자 하였습니다.

다시 한 번 강조하지만, 이 책에 제시된 수학 문장제 교수-학습 프로그램이 가장 모범적(exemplary practice)이거나 완벽한 것이 아닐 수 있습니다. 그러나 현장 전문가가 한 번쯤은 살펴보아야 할 전형적 모습(typical practice)을 포함하기 위해 힘을 기울였습니다. 다만 제한된 지면에 실제적인 측면을 강조하려다 보니 부족한 부분이 여전히 많은 점을 고백합니다. 설명과 개념 전달이 제대로 되지 않는 부분이 있다면 독자들께서 많은 충고와 제언을 주어 다시 수정할 수 있도록 허락을 얻고자 합니다.

출간 준비를 하면서 직간접적으로 도와준 많은 분에게 감사합니다. 증거기반 현장 연구를 위해 직접 작업을 해 온 여러 현장 전문가와 교사의 노고와 기여에 다시 한 번 깊은 감사를 전합니다. 또한 특별히 연구 기간에 성실히 관련 연구를 진행한 SNU SERI(Seoul National University, Special Education Research Institute) 연구원들과 책을 정성스럽게 만들어 준 학지사 임직원의 수고를 기억하고자 합니다. 마지막으로, 이 책을 통해 만나는 독자 여러분께 깊은 고마움의 말을 전합니다.

2015년 3월
SNU SERI 소장
김동일

차 례

제**1**장

인지-초인지 전략

인지-초인지(메타인지) 전략의 소개

초인지(메타인지) 기능은 학습과정을 의식적으로 통제하는 것으로서 학습 계획, 전략 선택, 학습 진전도 점검, 오류 수정, 학습 전략의 효과성 분석, 학습 행동과 전략의 변경 등이 포함된다.

김동일, 허상, 김이내, 이기정(2009)은 효과적인 문장제 문제 지도를 위해 인지-초인지 전략을 활용할 경우에는 문장제 응용문제해결을 위한 문제해결 절차, 문제해결 인지 전략의 자율적인 활용능력 배양을 위한 초인지 전략, 교사에 의한 인지 전략 및 초인지 전략 활용에 관한 명시적 시범, 인지 전략 및 초인지 전략 활용을 위한 충분하고 다양한 예(실제 생활문제를 담은 것), 지속적인 점검과 즉각적이고 교정적인 피드백, 그리고 단계적인 전략의 자율적 사용이라는 요소를 반드시 포함해야 한다고 하였다. Montague와 Bos(1986)는 문장제 응용문제를 해결하는 데 문제 읽기, 문제 의역하기, 문제 수학적으로 해석하기, 시각화하기, 문제 진술하기, 가설 세우기, 추측하기, 계산하기, 자기점검하기의 과정이 필요하다고 하였고, Montague(1992)는 문제해결 전략 교수를 위해 인지-초인지 전략의 사용과 교정적이고 긍정적인 피드백, 실제적인 지침, 점검 등이 필요하다고 하였다. 또한 Montague(1992), Montague와 Applegate(1994)도 수학 문장제 문제해결에 부진을 보이는 아동을 대상으로 인지-초인지 전략을 가르쳐 문장제 응용문제를 해결하기 위해서는 문제 읽기, 문제 의역하기, 문제 수학적으로 해석하기, 시각화하기, 문제 진술하기, 가설 세우기, 추측하기, 계산하기, 자기점검하기의 과정이 필요하다고 하였다.

문제의 의미론적 구조에 대해 얼마나 명시적으로 가르치는가는 수학 문장제 해결 능력에 매우 큰 영향을 미치는데, 국내외 연구에서 인지-초인지 전략을 활용한 수학 문장제 문제해결 교수가 수학 학습장애 및 학습부진 학생에게 효과적인 것으로 보고되고 있다(국미경, 곽행숙, 1999; 박애란, 김애화, 2010; 배정아, 박현숙, 2001; 서화자, 권명옥, 김춘미, 2004; Jitendra & Hoff, 1996; Jitendra et al., 2002; Xin et al., 2005).

김소희(2004)의 연구에서도 문장제 문제해결 향상 교수과정을 문제 크게 읽기, 읽은 내용을 자신의 말로 설명해 보기, 문제해결을 위해 중요한 단어와 숫자에 동그라미 치기, 적절한 계산법을 결정하고 공식 세우기, 공식 풀기, 각 절차와 답을 검토하기로 구성하였고, 인지-초인지 전략이 문장제 문제해결력 향상에 효과적임을 발견하였다. 강옥려와 고승희(2005)는 수학 학습장애 학생 3명에게 인지-초인지 전략을 사용하여 덧셈과 뺄셈 수학 문장제 해결력과 자기효능감의 향상을 보았다.

한편, Montague(1992)와 최세민(2006)은 교사가 수학 문장제 문제풀이과정을 소개하고 시범을 보인 다음 학생들이 과제해결과정에 필요한 내용, 즉 정확하게 읽기, 예측하기, 계획하기, 확인하기, 점검하기와 같은 일련의 순서로 문제를 해결하도록 하고 이 과정에서 자기교수, 자기질문, 자기점검과 같은 전략을 활용하였다.

자기교수법은 어떤 과제의 수행순서를 스스로 말해 가면서 실행하도록 하는 것으로, 내적 언어에 강조를 둔다. 자기교수법이 초기에는 일반 아동을 위해 사용되었으나 장애 아동을 대상으로 한 연구에서도 효과적인 것으로 나타났다. 자기점검법은 스스로의 과제 지향적 행동을 계속적으로 점검함으로써 그러한 행동이 더 많이 나타나게 하는 방법이다. 이때는 아동이 외부 자극에 지속적으로 의존하지 않고 스스로 자기점검의 기능을 수행할 수 있도록 계획을 수립하는 것이 매우 중요하다. 따라서 문장제 문제에 자기교수, 자기질문, 자기결정 전략을 활용하여 인지-초인지 해결 전략에서의 세부 단계를 구체적으로 제시할 수 있다.

한편, 배정아와 박현숙(2001)의 연구에서는 문장제 문제해결 향상 교수과정을 문제 크게 읽기, 읽은 내용을 자신의 말로 설명해 보기, 문제해결을 위해 중요한 단어와 숫자에 밑줄 치기, 도식으로 표상하기, 적절한 계산법을 결정하고 식 세우기, 식 풀기, 각 절차와 답을 검토하기로 구성하였다. 또한 김현진(2007)은 문제해결의 어려움이 있는 초등학교 고학년 경도장애 학생 48명을 위해 인지-초인지 전략 교수 프로그램을 만들어 실제 적용한 뒤, 그 교수를 받은 학생들이 그렇지 않은 학생들보다 통계적으로 유의미한 문제해결력의 향상을 보였다고 하였다.

참고문헌

강옥려, 고승희(2005). 인지-메타인지 전략 훈련이 학습장애 아동의 수학 문장제 문제해결 력과 자기효능감에 미치는 효과. 특수교육저널: 이론과 실천, 6(3), 135-154.

국미경, 곽행숙(1999). 문장제 수학문제 해결력 향상을 위한 표상학습 전략의 효과. 정서·행동장애연구, 15(1), 77-92.

김동일, 허상, 김이내, 이기정(2009). 수학 학습장애 위험아동 조기 판별을 위한 수감각 검사의 적용 가능성 고찰. 아시아교육연구, 10(3), 103-122.

김소희(2004). 학습장애 학생의 수학 문장제 해결능력 향상에 관한 연구: 세 가지 학습 전략의 효과 비교. 학습장애연구, 1(1), 63-93.

김현진(2007). 인지적 전략 교수가 경도정신지체 학생의 수학적 문제해결 전략 수행능력과 참여행동에 미치는 효과. 특수교육연구, 14(1), 143-165.

박애란, 김애화(2010). 도식화 전략 교수가 수학 학습부진 학생의 곱셈과 나눗셈의 문장제 문제해결에 미치는 효과. 학습장애연구, 7(3), 105-122.

배정아, 박현숙(2001). 도식기반 인지-초인지 전략 교수를 통한 수학 문장제 문제 수행 효과 연구. 특수교육학연구, 36(2), 1-20.

서화자, 권명옥, 김춘미(2004). 표상학습 전략 훈련이 수학 학습부진아의 문장제 문제해결 력 향상에 미치는 효과. 정서·행동장애연구, 20(4), 353-376.

최세민(2006). 자기교수 전략 활용 귀인 훈련이 정신지체 학생의 귀인양식과 자기효능감 및 수학 문장제 문제해결능력에 미치는 영향. 열린교육연구, 14(2), 77-100.

Jitendra, A., DiPipi, C. M., & Perron-Jones, N. (2002). An exploratory study of schema-based word-problem-solving instruction for middle school students with learning disabilities: An emphasis on conceptual and procedural understanding. *The Journal of Special Education, 36*(1), 23-38.

Jitendra, A., & Hoff, K. (1996). The Effects of Schema-Based Instruction on the Mathematical Word-Problem-Solving Performance of Students with Learning Disabilities. *The Journal of Learning Disabilities, 29*(4), 422-431.

Montague, M. (1992). The effects of cognitive and meta-cognitive strategy instruction on the mathematical problem solving of middle school students with learning disabilities. *Journal of Learning Disabilities, 25*, 230-248.

Montague, M., & Applegate, B. (1994). Middles school students' mathematical problem solving: An analysis of think-aloud protocols. *Learning Disability Quarterly, 16*(1), 19-32.

Montague, M., & Bos, C. (1986). The Effect of Cognitive Strategy Training on Verbal Math Problem Solving Performance of Learning Disabled Adolescents. *Journal of Learning Disabilities, 19*(1), 26-33.

Xin, Y., Jitendra, A., & Deatline-Buchman, A. (2005). Effects of Mathematical Word Problem-Solving Instruction on Middle School Students with Learning Problems. *The Journal of Special Education, 39*(3), 181-192.

인지-초인지 전략의 효과성

1

인지-메타인지(초인지) 전략 훈련이 학습장애 아동의
수학 문장제 문제해결력과 자기효능감에 미치는 효과[1]

1) 연구 방법

(1) 연구 대상

본 연구는 부산특별시 초등학교 3·4학년 수학 학습장애 학생 3명을 대상으로 하였다. 담임교사와의 면담을 통해 지적장애가 아니며 학업성취도 평가에서 국어와 수학 점수가 40점인 학생 중, 연산능력과 문장제를 읽고 이해하는 데 큰 어려움이 없지만 문장제 문제해결력에 문제가 있는 학생을 선정하였다. 이들은 K-WISC-Ⅲ 검사 결과 IQ가 80 이상이고, 기초학습기능검사 읽기Ⅱ(독해력)와 셈하기가 아동의 현재 학년보다 1.0 이상 떨어지며, 배제요인을 고려하여 다른 장애를 갖고 있지 않고, 수업결손이 없는 아동이다.

(2) 검사 도구
① 수학 문장제 문제
Riley, Greeno와 Heller(1983)가 분류한 수학 문장제 문제 유형(변화형, 결합형, 비교형, 같게 하기 등)을 기반으로 초등학교 2학년 수학교과서에 제시된 유형을 고려하여 10문항으로 구성하였다.

② 자기효능감 검사
박영자(2001)의 자기효능감 검사에 나타난 문항을 연구자가 초등학교 3·4학년 수

---

1) 고승희(2004). 인지-메타인지 전략 훈련이 학습장애 아동의 수학 문장제 문제해결력과 자기효능감에 미치는 효과. 인제대학교 교육대학원 석사학위논문.

준으로 쉽게 수정하여 수학 학습에 대한 일반적 자기효능감 수준을 측정하였다.

2) 연구 절차

대상자 간 중다기초선설계를 사용하여 연구를 수행하였으며, 교실에서 각 대상자에 따라 기초선과 중재는 5~7주 동안 주 3회씩 총 15~20회 실시하였다.

(1) 실험 도구 및 자료

Montague(1992)의 인지-메타인지 전략 모형을 연구자가 대상 아동을 고려하여 수정·보완한 것으로 소리내어 읽기, 밑줄 긋기, 그림 그리기, 계산 기호 결정하기, 식 세우고 계산하기, 단위 확인하고 검산하기, 다시 살펴보기, 자기 스스로 칭찬하기의 인지 전략 8단계와 자기질문, 자기교수, 자기점검을 더하여 메타인지 전략을 결합한 모형을 활용하였다.

(2) 실험 처치

① 수학 문장제 문제해결력

인지-메타인지 전략을 가르치지 않고 회기마다 수학 문장제 문제 10문항을 1회씩 평가한 다음 그 점수를 백분율로 계산하여 기초선을 설정한 후, 기초선이 안정되면 중재를 실시하였다. 기초선 단계에서 사용된 것과 같은 유형으로 구성된 수학 문장제 문제를 제공하였으며, 해결 점수가 3회 이상 80% 이상의 정확도를 보이면 중재가 될 것으로 보았다. 인지-메타인지 전략 8단계를 설명한 다음 전략 모형과 훈련안을 참고하여 문제를 풀도록 했으며, 시연, 소리내어 8단계를 실시하기, 칭찬, 용암법(fading), 피드백이 이루어지게 함으로써 궁극적으로 대상 아동이 주도적 학습자가 되는 데 초점을 두었다.

수학 문장제의 점수는 식, 답, 전략 사용 여부를 고려하여 연구자가 점검표를 체크하도록 하였으며, 중재가 끝난 2주 후 3일 동안 매일 1회씩 문제해결능력이 유지되는지 확인하기 위해 유지 검사를 실시하였다.

문제해결력 지속시간을 측정하기 위해 기초선, 중재, 유지 단계에서 수학 문장제

10문항을 해결하는 데 소요되는 시간을 스톱워치를 활용하여 분단위로 측정하였으며, 시간에 따른 정반응률을 측정하기 위해 맞는 개수를 문제해결 지속시간으로 나누어 알아보았다.

② 자기효능감
검사지를 활용하여 기초선 검사 전과 중재가 끝나고 3일 후 사전-사후 검사를 실시하였다.

3) 연구 결과

(1) 인지-메타인지 전략 훈련은 학습장애 아동의 수학 문장제 문제해결력을 향상시켰다.
대상 아동 3명의 기초선 기간 중 수학문제 해결률은 각각 10.0%, 5.0%, 3.3%로 낮은 수준이었으나, 인지-메타인지 전략 중재 단계 후 평균이 85.0%, 80.0%, 73.3%까지 향상되었다.

(2) 인지-메타인지 전략 훈련은 학습장애 아동의 문제해결 지속시간에 영향을 끼쳤다.
기초선 단계에서는 문제해결 지속시간이 아주 짧았으나, 중재 단계 전기에 길어졌다가 후기에 다시 약간 짧아졌다.

(3) 인지-메타인지 전략 훈련은 학습장애 아동의 문제해결 지속시간에 따른 정반응을 향상시켰다.
대상 아동 3명은 기초선 기간 중 분당 정반응률이 0.1%로 낮은 수준이었지만 인지-메타인지 전략 중재 단계 후 평균이 각각 0.5%, 0.4%, 0.4%로 향상되었다.

(4) 인지-메타인지 전략 훈련에 따른 수학 문장제 문제해결력의 향상으로 학습장애 아동의 자기효능감이 향상되었다.

대상 아동 3명은 자기효능감 사전 검사에서 43점, 45점, 38점 수준이었으나, 인지-메타인지 전략 중재 단계 후 69점, 65점, 64점으로 향상되었다.

4) 함의

(1) 인지-메타인지 전략 훈련은 학습장애 아동의 수학 문장제 문제해결력 향상에 효과가 있었다. 이러한 결과는 배정아(2001), 박영자(2001), Montague(1992)의 선행 연구 결과와도 일치한다.

(2) 인지-메타인지 전략 훈련은 학습장애 아동의 수학 문제해결 지속시간에 영향을 끼쳤다. 이러한 결과는 정옥남(1989), Montague와 Bos(1986)의 선행 연구 결과와도 일치한다.

(3) 인지-메타인지 전략 훈련은 학습장애 아동의 문제해결 지속시간에 따른 정반응률의 향상에 효과가 있었다. 국내 연구에서는 수학 문장제 문제를 해결하는 데 인지-메타인지 훈련이 시간에 따른 정반응률에 미치는 효과를 밝힌 사례가 없었기 때문에 인지-메타인지 전략의 효과를 알아본 것은 의미 있는 일이다.

(4) 인지-메타인지 전략 훈련은 학습장애 아동의 자기효능감 향상에 효과가 있었다. 이러한 결과는 이종삼(1995), 허영숙(2000)의 연구 결과와도 일치한다. 본 연구에서는 인지-메타인지 전략 훈련으로 많은 실패 경험에 따른 학습된 무기력과 자신감 결여로 자기효능감이 낮았던 학습장애 아동의 문제해결력이 높아지면서 자기효능감이 향상되었다는 것을 알 수 있다.

2

인지-초인지 전략을 활용한 귀인훈련이 학습장애 학생의 귀인양식과
정서 및 수학 문장제 문제해결에 미치는 영향[2]

1) 연구 방법

(1) 연구 대상

본 연구는 서울특별시 중·고등학교에서 지능이 정상 수준이고, 다른 장애를 수반하지 않으며, 수학 성적이 기대되는 성취 수준의 50% 미만인 학생을 기준으로 수학학습장애 학생 30명을 선정하였다. 대상 학생은 인지-초인지 귀인 훈련 집단, 귀인훈련 집단, 통제집단의 세 집단으로 실험집단과 통제집단으로 나누어 연구를 진행하였으며, 수학 성적, 귀인 성향, 시험 불안, 무력감 영역에서의 집단 간 사전 검사 점수를 토대로 연구 대상자의 동질성 여부를 확인하였다.

(2) 검사 도구

① 귀인검사

Crandall, Kathovsky와 Crandall(1995)이 고안한 IAR(Intellectual Achievement Responsibility Scale)을 박현주(1994)가 선행 연구에서 활용한 것으로, 학업성취 상황에서 학습장애 학생의 귀인 성향을 측정하기 위해 사용하였다. 귀인 성향은 성공에 대한 노력귀인, 실패에 대한 노력귀인, 성공에 대한 능력귀인, 실패에 대한 능력귀인의 영역으로 구성되었다.

② 불안검사

Sarson(1972)이 고안한 실험불안검사(Twist Anxiety)를 이해평(1990)이 선행 연구에서 활용한 것으로, 학습자가 평소 시험에 대하여 느끼는 감정을 측정하기 위해 사용하였다.

---

2) 최세민(2001). 인지-초인지 전략을 활용한 귀인 훈련이 학습장애 학생의 귀인양식과 정서 및 수학 문장제 문제해결에 미치는 영향. 특수교육연구, 36(2), 195-220.

③ 무력감검사

Zukerman과 Lubin(1965)이 제작한 MAACL(Multiple Affect Adjective Check List)을 이영호(1980)가 번안하여 선행 연구에서 활용한 것으로, 학습자의 무력감 변화를 측정하기 위해 사용하였다.

④ 수학 문장제 문제검사

한국교육개발원에서 개발한 '수학과 문제해결력 신장을 위한 교수-학습 자료 (1989)'와 장해욱(1994)이 선행 연구에서 활용한 수학 문장제 문제를 기초로 연구자가 제작하여 사용하였다. 네 가지 수학적 연산, 직접 · 간접 문제 진술의 사용, 무관 정보의 존재, 최종 목표에 도달하는 데 필요한 식의 단계 수 일치 등(Parmar, 1996)에 제시한 준거를 사용하여 문제검사를 구성하였다.

2) 연구 절차

1회기당 40분씩 총 15회, 정규 수업시간과 방과 후 시간을 이용하여 연구자와 특수교사 2명이 실험에 참여하였고, 사전 검사-훈련 프로그램-사후 검사 순으로 진행하였다.

(1) 사전 검사

지능검사, 귀인검사, 시험불안검사, 무력감검사, 수학 문장제 순으로 검사를 실시하였다. 문항을 크게 읽어 주어 학생이 잘 이해하고 응답할 수 있도록 격려하였다.

(2) 훈련 프로그램

학생들이 수학 문장제 문제를 잘 풀 수 있도록 먼저 문제를 읽고 이해한 후, 만약 이해가 안 되면 다시 한 번 읽고 완전히 이해하여 어떤 방식으로 문제를 해결할 것인지를 결정하도록 하는 인지-초인지 전략을 활용한 귀인 훈련 모델을 활용하였다. 학생이 스스로 적절한 결정을 했는지 점검하도록 함으로써 문제풀이의 핵심 내용을 이해하도록 하는 것이다. 그 후 계산하여 답을 구하고 그 답이 적절한지 점검한 다음 만약 잘못되었으면 다시 이전 단계로 가서 오류를 찾도록 한다. 전체 과정에서 자기교수, 자기질문, 자기점검과 같은 전략을 사용하도록 하였다. 이러한 절차를 거쳐 문제를 잘 풀었을 경우 교사는 칭찬이나 격려와 같은 귀인 피드백을 제공한다.

(3) 사후 검사

사전 검사와 같은 방법으로 귀인 성향, 시험 불안, 무력감, 수학 문장제 문제에 대한 검사를 실시하였다.

3) 연구 결과

(1) 인지-초인지 전략을 활용한 귀인 훈련이 학습장애 학생의 귀인양식에 미치는 영향을 살펴보면, 성공과 실패에 대한 노력귀인과 능력귀인에 긍정적 영향을 미치는 것으로 나타났다. 귀인 훈련만 실시할 경우 학습장애 학생의 성공에 대한 노력귀인에는 긍정적 영향을 미치지만, 실패에 대한 노력귀인이나 성공 및 실패에 대한 능력귀인에는 영향을 미치지 않았다.

(2) 인지-초인지 전략을 활용한 귀인 훈련은 학습장애 학생의 시험 불안과 무력감을 감소시키는 데 효과적이지만, 귀인 훈련만 실시할 경우 효과가 없었다.

(3) 인지-초인지 전략을 활용한 귀인 훈련은 학습장애 학생의 수학 문장제 문제해결에 긍정적 영향을 미치지만, 귀인 훈련만 실시할 경우 학습장애 학생의 수학 문장제 문제해결에 영향을 미치지 않았다.

4) 함의

(1) 인지-초인지 전략을 활용한 귀인 훈련으로 학생 스스로의 노력에 대한 긍정적인 피드백을 경험하도록 함으로써 학습장애 학생의 문제해결을 향상시키는 데 긍정적 영향을 미쳤다. 문제해결에 필요한 전략이나 정보 제공 없이 학습장애 학생에게 귀인 훈련만 실시하면 자신의 노력이 문제해결에 직결되지 못하여 자신의 능력에 대한 신뢰감을 형성하지 못했기 때문에 나타난 현상이라고 볼 수 있으므로 학습장애 학생의 능력귀인을 높이기 위해 학습과제를 해결하는 과정에서 스스로 긍정적 경험을 할 수 있도록 해야 한다. 따라서 단순한 귀인 훈련보다는 인지-초인지 전략을 활용한 귀인 훈련이 더 효과적이라고 할 수 있다.

(2) 학습장애 학생의 높은 불안 수준과 무력감은 학습의 모든 단계에 장애가 될 수 있다. 따라서 이들을 교육하는 데 교육 활동에서의 전략 훈련이나 교수 방법의 수정만으로는 한계가 있다는 사실을 염두에 두고 교수의 과정에서 학생의 정서와 귀인을 함께 고려해야 할 것이다.

(3) 인지-초인지 전략의 제공과 더불어 적절한 귀인 피드백을 제공하는 것이 학습장애 학생의 학업성취에 긍정적인 영향을 미칠 수 있다. 하지만 수학 문장제 문제의 경우 복잡한 사고과정이 필요한 영역이라는 점에서 단순 귀인 훈련만으로 학습효과를 기대하는 것은 한계가 있다. 따라서 귀인 훈련만 단독으로 실시하는 것보다는 인지-초인지 전략을 함께 사용하여 이들이 문제해결 과정에서 경험하는 어려움을 극복할 수 있도록 지도하는 것이 바람직할 것이다.

도식기반 인지-초인지 전략 교수를 통한 수학 문장제 문제 수행효과[3)]

1) 연구 방법

(1) 연구 대상

본 연구는 서울특별시 초등학교 4~6학년 수학장애 학생 20명을 대상으로 하였다. 지능검사 결과 지능지수가 85 이상인 학생을 대상으로 회기현상을 고려하여 전체 지능지수와 기초학습기능검사 셈하기 표준검사 간에 심한 격차(박현숙, 1992)를 지니고, 3학년 1학기 수준의 세 자리 덧셈 뺄셈에서 80% 이상의 정확도를 보이면서 어절 단위 읽기 재인 정확도가 99% 이상의 독립 수준 읽기 능력을 지닌(박현숙, 2000) 학생이다.

4학년 4명, 5학년 8명, 6학년 8명이 각각 실험집단과 통제집단에 배치되었고, 대상 학생들의 지능과 수학능력 면에서 실험집단과 통제집단 차의 검증을 통해 의미 있는 차이가 나타나지 않는 사실을 확인하였다.

(2) 검사 도구

3학년 1학기 수학 교과서에 실린 문장제 문제를 기반으로 하여 의미론적 구조별 및 미지수 위치별 15개 유형을 모두 포함한 의미론적 구조와 미지수의 위치를 유지하면서, 문장 내 주어, 목적어, 서술어, 숫자(세 자리 수)를 바꾸어 사전, 사후 검사 도구를 제작하였다. 비장애로 학업성취가 중간 수준인 학생 30명에게 1주일 간격으로 실시하여 확인한 결과 동형검사 신뢰도는 .80으로 높게 나타났고, 초등 특수교사, 특수교육 전공 대학원생, 수학교육 전공자 등 전문가를 대상으로 내용 타당도를 확보히었디.

---

3) 배정아(2001). 도식기반 인지-초인지 전략 교수를 통한 수학 문장제 문제 수행효과. 이화여자대학교 대학원 석사학위논문.

〈표 1-1〉 덧셈 뺄셈 문장제 기본 유형 예시

의미론적 구조	미지수 위치	문제 예시	연산
결합형	결과 미지수	영재 어머니께서는 귤을 어제는 366개, 오늘은 239개를 땄습니다. 모두 몇 개를 땄습니까?	+
	변화 미지수	민재 어머니께서는 어제 귤을 367개 땄습니다. 오늘 저녁에 귤은 모두 565개였습니다. 오늘 낮에 귤을 얼마나 땄나요?	−
	시작 미지수	어제와 오늘 경재 어머니께서는 수박을 모두 54개 땄습니다. 오늘 딴 수박이 30개라면, 처음에는 몇 개를 땄습니까?	−
분리형	결과 미지수	현주는 색 테이프를 125cm 가지고 있었습니다. 그중에서 78cm를 잘라 썼습니다. 남은 색 테이프는 몇 cm입니까?	−
	변화 미지수	주현이는 색 테이프를 132cm 가지고 있습니다. 얼마를 잘라 썼더니 85cm가 남았습니다. 주현이는 색 테이프를 얼마나 잘라 썼습니까?	−
	시작 미지수	현서는 가지고 있던 색 테이프 중에서 87cm를 잘라 썼더니 127cm가 남았습니다. 현서는 처음에 몇 cm의 색 테이프를 가지고 있었습니까?	+
비교형	차이량 미지수	숙희네 학교 3학년 학생은 165명이고, 영호네 학교 3학년 학생은 159명입니다. 숙희네 학교 3학년 학생은 영호네 학교 3학년 학생보다 몇 명 더 많습니까?	−
	비교대상 (는) 미지수	영희의 키는 122cm입니다. 영수의 키는 영희보다 5cm 더 크다고 합니다. 영수의 키는 몇 cm입니까?	+
	비교기준 (보다) 미지수	순희의 키는 127cm입니다. 진수보다 4cm 더 크다고 합니다. 진수의 키는 몇 cm입니까?	−
부분-집합형	집합 미지수	지난 일요일에 동물원에 구경 온 사람은 어른 367명, 어린이 453명입니다. 동물원에 온 사람은 모두 몇 명입니까?	+
	부분 미지수	영철이네 학교의 3학년 학생은 325명인데, 그중에서 남학생은 167명입니다. 여학생은 몇 명입니까?	−
2단계형 문제	++	오이를 어머니는 342개, 태식이는 196개, 현정이는 149개를 땄습니다. 모두 몇 개를 땄습니까?	++
	−−	좌석이 500석인 강당에 학생이 258명, 어른이 197명 앉아 있습니다. 빈 좌석은 몇 석입니까?	−−
	+−	학급문고에 책이 220권이 있었습니다. 이번 주에 빌려 준 책은 126권이고, 돌려 받은 책은 98권입니다. 학급 문고에 있는 책은 모두 몇 권입니까?	+−
비관련 자극		강당에 남학생이 216명, 여학생이 195명, 그리고 선생님 62명이 모였습니다. 강당에 모인 학생은 모두 몇 명입니까?	·

2) 연구 절차

(1) 실험 도구 및 자료

본 연구에 사용한 실험 도구 및 자료는 ① 문장제 문제 15유형 각 3부, ② 도식, ③ 인지-초인지 촉진 카드다.

중재용 문제는 의미론적 구조별로 분리된 문제지, 무작위 배열 문제지를 구분하여 각각 5회기, 10회기로 구분하여 제작되었으며, 도식은 Jitendra와 Hoff(1996)의 연구에서 나온 도식을 수정한 것이다. 또한 인지-초인지 촉진 카드를 활용하여 학생에게 전체 풀이과정에 대한 절차적 지식을 가지고 자기교수와 자기점검을 할 수 있는 초인지 정보를 제공하였다.

(2) 실험 처치

본 연구에서는 연구자가 실험집단의 학생에게 일대일 학습의 형태로 15회기의 중재 프로그램을 3단계로 나누어 제공하였다. 처음 5회기 동안에는 각 문장제 문제를 유형별로 따로 교수하여 문제 유형과 그 유형에 맞는 도식을 선택하고 완성하도록 하였고, 두 번째 5회기 동안은 무작위로 제공된 문제지를 이용하여 문제를 판별하고 도식 그림을 선택하여 표상을 완성하고 연산을 결정하는 교수를 제공하였다. 그리고 마지막 5회기 동안에는 무작위로 제공된 문제를 가지고 학생이 도식 그림을 직접 그려서 연산을 결정하도록 하였다. 인지-초인지 전략 사용 교수는 15회기 모두 동일한 형태였으며 훈련은 35분이 소요되었고, 문장제 문제의 의미론적 구조별 유형과 도식 설명(5분), 표상 단계 교수(15분), 문제해결 과정 교수(15분)의 3단계로 구성하였다.

통제집단의 학생에게는 특수학급 교사가 사전에 제공한 교사 훈련과 교수-학습 지도안에 따라 언어적 해설 중심 또는 단순한 표상을 하도록 하고, 문제해결 과정을 위해 인지 및 초인지적 지식을 제공하지 않는 풀이 단계를 사용하도록 하는 전통적 교수 방법을 실시하였다.

3) 연구 결과

(1) 실험집단과 통제집단 간의 수학 문장제 문제 수행 정확도에 유의한 차이가 있었다.

실험집단과 통제집단의 조정된 평균은 각각 113.34, 50.66으로 나타나 그 차가 62.68이며, 실험집단과 통제집단 간의 문장제 문제 수행 성취도는 0.1% 수준에서 유의한 차이가 있었다.

(2) 실험집단과 통제집단 간의 수학 문장제 문제 수행시간에 유의한 차이가 있었다.

실험집단과 통제집단 간 조정된 평균은 각각 39.14, 22.76으로 나타나 그 차가 16.38이었고, 두 집단 간의 문장제 문제 수행시간은 1% 수준에서 유의한 차이가 있었다.

(3) 실험집단과 통제집단 간 오류 발생에서 사전·사후 검사 간 변화가 있음을 확인하였다.

실험집단의 오류를 유형별로 살펴보면, 사전 검사의 결과오류가 23%, 과정오류가 62%이고, 사후 검사의 결과오류가 2%, 과정오류가 10%로 나타났다. 따라서 수학장애 학생들이 수학 문장제 문제에서 주로 보이는 오류 유형은 과정오류이며, 그중 표상화 오류가 사전 검사에서 85%, 사후 검사에서 17%로 나타나 주요한 오류 유형이라는 것이 확인되었다.

실험집단의 오류를 문제 유형별로 살펴보면, 사전 검사에서 결합형 38%, 분리형 36%, 비교형 40%, 부분-집합형 40%, 2단계형 39%와 같이 비교적 고르게 발생하였으며 난이도가 더 높은 의미론적 문제 유형에 오류가 더 많이 발생하였다고 할 수 없다. 그러나 사후 검사에서는 비교형 13%, 부분-집합형 8%, 2단계형 7%로 의미적 구조에서 난이도가 높은 문제 유형에 더 많은 오류가 확인되었다.

실험집단의 오류를 문제 위치별로 살펴보면, 사전 검사에서 결합형은 변화 미지수와 시작 미지수가 결과 미지수에 비해 상대적으로 많은 오류를 보였으며, 부분-집합형은 부분 미지수가, 비교형은 차이량 미지수와 (보다) 미지수에서 상대적으로 더 많은 오류가 확인되었다.

4) 함의

(1) 본 연구는 학생에게 도식을 직접 그려서 독립적으로 문제를 수행하도록 하였고, 그 결과 초등 고학년 수학장애 학생들이 덧셈 뺄셈 문장제 문제의 의미론적 구조를 표상한 도식 그림을 독립적으로 그려 문장제 문제 수행에 활용할 수 있다는 점에서 의의가 있다.

(2) 본 연구는 문제해결 과정, 즉 전체 문제를 풀이하기 위한 절차적 지식을 교수하는 데 초등학생을 위한 좀 더 간략한 인지-초인지 전략 단계를 교수한 수행상의 결과를 볼 수 있었다. 이러한 결과는 읽고, 이해하기, 식 쓰기, 답 쓰기를 중심으로 이루어져 있는 교과서 모형의 대안이 될 수 있을 것이다.

(3) 본 연구는 사전 검사에 비해 사후 검사에서 대상 학생이 더 많은 전략을 보였으며, 그 결과 수행시간의 증가가 확인되었다. 이를 통해 도식기반 인지-초인지 전략 교수가 충동적으로 문제를 수행했던 대상 학생들에게 좀 더 방향적인 문제해결을 하도록 만들었음을 알 수 있다.

(4) 본 연구는 수학 문장제 문제의 주요 오류 유형이 과정오류라는 것을 확인할 수 있었다. 이를 통해 수학장애 학생의 수학 문장제 문제 수행상의 결함은 계산이나 답을 구성하고 실제로 답안을 쓰는 과정에서의 어려움 때문이라기보다 문제해결 과정에서 나타나는 다양한 절차적 지식을 사용하는 능력의 부족, 특히 표상을 하는 단계에서의 어려움 때문임을 확인할 수 있었다. 또한 과정오류가 사전 검사에서 사후 검사로 이어지며 감소폭이 크다는 사실은 도식기반 인지-초인지 전략 교수가 수행과정 중 적절한 전략과 조작을 선택하고 실행하는 등의 질적 측면에서도 긍정적 영향을 주었다고 볼 수 있다.

(5) 본 연구에서는 중재 전 전반적 결함을 나타내는 수학장애 학생이 중재가 제공된 후 난이도가 높은 유형에서만 오류를 보인다는 사실을 확인할 수 있었는데, 이는 도식기반 인지-초인지 전략 교수가 의미론적 구조 외형에 드러나는 연산과 실제 연산이 상이한 고난이도 문제 유형에서 특히 효과적이었음을 알 수 있었다.

인지–초인지 전략의 예시

4

인지–초인지 전략 수업 지도안

단원(제재)	4. 소수의 곱셈		대상 학년	5학년
본시 주제	소수와 자연수의 곱셈			
차시	○/9	활용 전략	인지–초인지 전략	
교수–학습 목표	– 문장제 문제에서 인지–초인지 전략을 활용하여 소수와 자연수의 곱셈 계산을 할 수 있다.			

단계	학습 요소	교수–학습 활동	시간	자료(◎) 및 유의점(※)

문제 확인	선수 학습 상기	✤ **선수 학습 상기**
		▷ 잘못된 계산과정 보여 주기
		
		$$0.7 \times 3 = 21$$
		
		$$\begin{array}{r} 0.7 \\ \times\ \ 3 \\ \hline 0.21 \end{array}$$
		
		• 제시된 문제의 계산과정은 무엇이 잘못되었나요?
		  – 소수점의 위치가 잘못되었어요.
		• 잘못된 답을 바르게 고쳐 봅시다.
		  – 2.1
			6′	◎문제가 제시된 PPT

	동기 유발	✤ **학습 동기 유발하기** ▷애니메이션 클립 활용 재호와 재은이가 새로 산 핸드폰을 보며 이야기를 나누고 있는 상황		◎애니메이션 영상

	학습 문제 확인	▷ 일상생활과 관련된 문제 제시 재호는 한 달에 1.5기가짜리 데이터 요금제를 사용합니다. 3개월 동안 데이터를 모두 사용하였다면, 재호는 총 몇 기가의 데이터를 사용한 것일까요?	
	학습 활동 안내	• 문제를 함께 큰 소리로 읽어 봅시다. • 읽은 문제를 어떻게 이해했나요? ▷ 인지-초인지 전략 과정을 그림으로 제시하고, 문제해결 과정을 이해하기 쉽게 설명 ❖ **학습 문제 확인하기** 소수와 자연수의 곱셈을 인지-초인지 전략을 활용하여 정확하게 계산해 봅시다. 〈활동 1〉 문제를 정확히 이해하기 〈활동 2〉 문제를 해결하기 〈활동 3〉 문제를 계산하기	◎인지-초인지 전략 과정 PPT
문제해결 방법 탐색하기 및 문제해결 하기	활동 1 문제를 정확히 이해하기	❖ **〈활동 1〉 문제를 정확히 이해하기** ▷ 배부한 학습지에 따라 문제를 자신의 단어로 바꾸어 말하기 • 중요한 부분에 밑줄을 그어 봅시다. • 제시된 문제를 자신의 말로 바꾸어 봅시다. • 제시된 문제에서 찾고자 하는 것을 찾아봅시다. • 찾은 내용과 질문 내용이 어울리는지 생각해 봅시다. ▷ 문제를 그림으로 표현하는 두 가지 방법 안내 • 수직선 그림 • 수막대 그림 • 그림이 주어진 문제 내용에 적절한가요?	10′ ※인지-초인지 전략을 활용한 학습지를 기본으로 그 과정에 따라 교수한다. ◎인지-초인지 전략 학습지 ◎수직선, 수막대 그림 PPT

| 활동 2
문제를
해결하기 | ✤ 〈활동 2〉 문제를 해결하기
▷ 문제해결을 위한 계획 세우기(필요한 단계와 계산, 문제에 대한 식을 결정하도록 안내한다.)
• 필요한 계산 기호는 무엇인가요?
• 문제에 대한 식을 세우기 위해 필요한 것은 무엇인가요?
• 단계별 계획, 계산 횟수 등 문제에 대한 단계별 계획을 세워 봅시다.

▷ 학생들의 문제풀이 계획을 발표하는 시간 갖기(2명)

▷ 정답 예측하기
• 머릿속으로 문제를 풀고 답을 짐작해 써 봅시다.
• 올림과 내림을 어림했나요?
• 밑줄을 그은 문제의 중요한 내용을 활용하였나요? | 10′ | ◎인지-초인지
전략 학습지 |
| 활동 3
문제를
계산하기 | ✤ 〈활동 3〉 문제를 계산하기
▷ 계산하기
• 자신이 계획한 방법과 순서로 계산을 해 봅시다.
• 계획한 과정에 따라 구한 답이 내가 어림한 값과 비슷한지를 점검해 봅시다.
• 단위와 소수점을 알맞게 표기했나요?

▷ 문제해결 과정과 정답이 맞는지 확인 및 평가하기
• 스스로 문제해결 과정을 확인해 봅시다.
• 정답과 비교하여 구한 답이 같은가요?
• 구한 답이 옳지 않다면, 계산 전 과정을 돌이켜 보고 선생님께 도움을 요청한다.

▷ 과정에 따라 정답을 맞힌 학생 1명의 문제풀이 과정 발표하기 | 10′ | ◎인지-초인지
전략 학습지 |

| 적용 및 발전 | 학습 내용 정리 및 차시 예고 | ❖ **학습 활동 정리하기**
▷ 오늘 학습한 내용 정리하기
• 오늘 배운 내용은 무엇입니까?
　– 소수와 자연수의 곱셈을 배웠어요.
• 오늘 다룬 문제를 배운 과정에 따라 다시 한 번 풀어 보도록 할게요. (교사의 시연)
• 오늘 배운 내용 중 궁금한 점이 있나요?

❖ **차시 예고하기**
• 다음 시간에는 자연수와 소수의 곱셈에 대해 배울 예정입니다. | 3′

1′ | ◎ppt |

❑ 본시 평가 계획

평가 내용	평가 시기	평가 방법
■ 소수와 자연수의 곱셈을 인지-초인지 전략을 활용하여 정확하게 계산할 수 있는가?	활동 1, 2, 3	관찰 및 학습지

5

인지-초인지 전략 활동지

교과: 수학	단원(차시):	소수의 곱셈
학년: 5		소수와 자연수의 곱셈

초등학교
5 학년　반　번

활동지　　　계획대로 풀어 보기

❑ 문제를 읽고 안내에 따라 해결해 봅시다.

은희는 한 병에 1.7L짜리 주스를 4병 가지고 있습니다. 친구들과 함께 주스를 모두 나누어 마셨다면, 총 몇 L의 주스를 마신 것일까요?

1. 중요한 부분에 밑줄을 그어 봅시다.

2. 문제에서 구하고자 하는 것은 무엇인가요?

3. 식을 세우기 위해 필요한 계산 기호는 무엇인가요?

4. 식을 세우고 문제해결을 위한 단계별 계획을 세워 봅시다.

5. 머릿속으로 문제를 풀었을 때 짐작한 답은 무엇인가요?

6. 한 번 더 확인해 봅시다.

• 올림과 내림을 어림했나요? (○, ×)
• 밑줄을 그은 문제의 중요한 내용을 활용하였나요? (○, ×)

7. 정답을 확인해 봅시다.

• 구한 답은 무엇인가요?
• 정답이었나요?
• 오답일 경우 어떤 부분이 잘못되었나요?

6

인지-초인지 전략 평가지

평가지   **계획대로 풀어 보기**

❑ **문제를 읽고 안내에 따라 해결해 봅시다.**

> 은희는 한 병에 1.7L짜리 주스를 4병 가지고 있습니다. 친구들과 함께 주스를 모두 나누어 마셨다면, 총 몇 L의 주스를 마신 것일까요?

1. 중요한 부분에 밑줄을 그어 봅시다.

은희는 한 병에 1.7L짜리 주스를 4병 가지고 있습니다. 친구들과 함께 주스를 모두 나누어 마셨다면, 총 몇 L의 주스를 마신 것일까요?

2. 문제에서 구하고자 하는 것은 무엇인가요?

은희와 친구들이 마신 주스의 양

3. 식을 세우기 위해 필요한 계산 기호는 무엇인가요?

곱하기 ×

4. 식을 세우고 문제해결을 위한 계획을 세워 봅시다.

주스 한 병의 양: 1.7
4병: 4를 곱해야 함
식: $1.7 \times 4 = 6.8$

5. 머릿속으로 문제를 풀었을 때 짐작한 답은 무엇인가요?

6.8

6. 한 번 더 확인해 봅시다.

• 올림과 내림을 어림했나요? (O, ×)
• 밑줄을 그은 문제의 중요한 내용을 활용하였나요? (O, ×)

7. 정답을 확인해 봅시다.

• 구한 답은 무엇인가요? 6.8L
• 정답이었나요? (O, ×)
• 오답일 경우 어떤 부분이 잘못되었나요?

제**2**장

핵심어 전략

핵심어 전략의 소개

수학 문장제는 수를 포함한 여러 문장으로 구성된 수학문제로 이를 해결하기 위해서는 계산능력과 함께 언어적인 능력도 필요하다(이태수, 유재연, 2006). 주어진 수식을 계산하는 능력과 더불어 문장으로 표현된 문제를 읽고 이해하여 수식으로 표현할 수 있어야 하기 때문이다.

이처럼 문장에 제시된 상황을 수학적 상황으로 전환하여 문제를 해결하기 위해서는 복잡한 인지적인 처리과정이 요구되기에 학생들은 수학 문장제 문제를 어렵게 느낀다(Rosenthal & Resnick, 1974: 석경희, 2004, 재인용). 이런 이유로 문제해결에 필요한 수학적 내용 지식을 모두 알고 있음에도 수학 문장제를 해결하지 못하는 모습을 보이기도 한다. 문제와 관련된 수학적인 내용을 알고 있는데도 수학 문장제의 문제를 수학적 식으로 표현하고 해결하는 데 어려움을 겪는 것이다. 특히 저성취 및 수학 학습 부진 학생들은 수학 문장제 문제해결의 정확도와 소요시간상의 측면에서 양적 및 질적 결함을 보이는데(신원식, 2006), 이들의 경우 표상과 전이 능력이 부족하여(Jitendra & Xin, 1997) 문제해결에 대한 의지를 쉽게 잃어버리기 때문이다.

표상과 전이 능력의 부족으로 문제에서 주어진 상황을 수학적 상황으로 쉽게 변환하지 못하는 학생들에게 핵심어 전략이 유용할 것이다. 핵심어 활용 전략은 문장제를 읽고 문제해결에 도움이 되는 핵심 정보를 찾아내는 것이다(신원식, 유은정, 2006). 즉, 문장에서 문제를 해결하는 데 사용될 핵심 단어를 찾고, 그 단어에 근거하여 수학적 식을 세우는 전략이다. 예를 들어, '사과가 5개, 감이 2개가 있다. 사과와 감을 모두 합하면 몇 개인가?'라는 문제에서 '5개', '2개', '합하면'이라는 핵심어를 찾아 '5+2'라는 식을 세운다. 이처럼 핵심어 전략은 사용하기 간편하고 수식을 세우는 데 직접적으로 안내해 주기 때문에 수학 문장제를 해결할 때 수식 세우기를 어려워하는 학생들에게 즉각적인 도움을 줄 수 있다. 따라서 교사들은 핵심어 전략이 학생들의 문제해결능력을 향상시키는 데 높은 효과가 있다고 생각하며, 다른 전략보다 많이 사용하고 있다(Burns & Lash, 1988).

실제로 학생들에게 수학 문장제 문제해결에 핵심어 전략을 활용하도록 하여 그 효과성을 살펴본 연구들에서 핵심어 전략이 학생들의 문제해결능력을 단기간에 즉각적으로 향상시키는 효과가 있다는 연구 결과가 보고되었다. 김소희(2004)의 연구에서는 수학 학습장애 학생을 대상으로 인지 전략, 그림 전략, 핵심어 전략이 수학 문장제 문제해결력에 미치는 영향을 살펴보았다. 연구 결과, 핵심어 전략이 단기간에 학생들의 문제해결능력을 향상시키는 데 가장 효과적이었으며, 이 효과는 핵심어를 사용하지 않는 문제를 해결하는 데까지 확장되는 것을 알 수 있었다. 이태수와 유재연(2006)의 연구에서는 핵심어 전략과 도식 전략이 포함된 표상기법을 지도한 실험집단과 전통적인 교수 방법으로 지도한 통제집단의 수학 문장제 문제해결력을 비교하여 두 집단 사이에 유의미한 평균 차이가 있음을 확인하였다. 그뿐만 아니라 핵심어 전략이 포함된 표상기법 중재를 받은 집단의 문제해결력 발달속도가 통제집단보다 더 빠른 것으로 나타났다. 6명의 학생을 대상으로 초인지 전략과 핵심어 전략의 효과성을 비교한 신원식과 유은정(2006)의 연구에서는 초인지 전략이 핵심어 전략보다 단기간에 학습부진 학생의 문제해결 정확도를 향상시키는 데 효과가 있는 것으로 나타났으나, 핵심어 전략 중재를 받은 3명의 학생도 문제해결능력이 향상된 모습을 보였다.

이처럼 핵심어 전략은 수학 문장제 문제해결력을 향상시키는 데 간편하게 활용할 수 있고 효과도 높다고 현장의 교사들도 인식하고 있을 뿐만 아니라 연구 결과에서도 그 효과성이 입증된 전략이다. 그러나 핵심어 전략만을 강조할 경우 문제해결 시 학생들이 문장의 뜻을 제대로 이해하지 않고 특정 단어에만 의존하여 식을 세워 오류를 범할 가능성이 높다는 지적이 있다. 특히 문제의 문장이 복잡할수록 핵심어 전략을 사용하는 것이 부적절할 수 있다.

저학년의 경우에는 직접적인 핵심어가 문장 표현으로 분명히 드러나고 단순한 덧셈과 뺄셈을 요구하는 난이도 낮은 문제가 대부분이기 때문에 핵심어 전략이 수학 문장제를 어려워하는 학생들에게 대부분의 문제를 해결하는 데 활용할 수 있는 적절한 전략이라 할 수 있다(하정숙, 박종호, 2013). 그러나 고학년으로 올라갈수록 문제의 구조가 더 복잡해져 핵심어 전략만으로는 문제를 해결하기 어려우며, 핵심어에만 집착하여 다른 중요한 정보를 무시하는 오류를 범할 가능성이 높아진다(Mercer & Mercer, 1998). 또한 모든 수학 문장제가 확연히 드러나는 핵심어를 문장에 포함하고 있는 것은 아니며, 핵심어 하나로 2개 이상의 계산 방법을 결정하는 것에 무리가 있는 경우도 있다. 이럴 때는 핵심어를 대치할 만한 단어를 찾는 연습과 찾아낸 단어를 복합연산에 사용하는 방법도 알려 주어야 한다(김소희, 2004). 그리고 핵심어가 항상 한 가지 의미만 가지는 것이 아니라 다양한 의미로 사용될 수 있으므로 이를 해석할 때 문장 전체의 문맥을 고려하여 단어의 정확한 의미를 파악하도록 지도하여야 한다.

학생들이 수학 문장제를 해결할 때 연산능력 부족으로 어려움을 겪기도 하지만(Cawley et al., 1998; Englert et al., 1987), 수식을 세우는 것에 부담을 느껴 문장제를 어렵게 느끼는 경우가 많다. 특히 저성취 학생이 일반 학생에 비해 계산을 올바르게 수행하는 능력 자체도 떨어진다는 점을 고려하면, 문장을 읽고 수학적으로 이해하여 쉽게 수식으로 나타낼 수 있도록 훈련시키는 것이 매우 중요하다. 핵심어 전략은 모든 문제에 적용하기에는 어려움이 있지만 수학 문장제에 제시된 상황에 대하여 수식을 나타내기 위한 기초적인 절차를 제시해 준다. 핵심어 전략을 통해 저성취 학생은 수식을 세우는 데 익숙해지도록 연습을 할 수 있으며, 이를 통해 성공적인 문제해결을 경험할 수 있다는 점에서 수학 문장제에 적용할 만한 유용한 전략이라고 할 수 있다.

참고문헌

김소희(2004). 학습장애 학생의 수학 문장제 해결능력 향상에 관한 연구: 세 가지 학습 전략의 효과 비교. 학습장애연구, 1(1), 63-93.

석경희(2004). 초등 수학 문장제 해결과정에 나타나는 오류 분석. 서울교육대학교 대학원 석사학위논문.

신원식(2006). 학습부진 아동들의 수학 문장제 해결능력 향상을 위한 학습 전략 비교. 인제대학교 대학원 석사학위논문.

신원식, 유은정(2006). 학습부진 아동들의 수학 문장제 해결능력 향상을 위한 학습 전략 비교. 초등특수교육연구, 8(1), 93-122.

이태수, 유재연(2006). 의미구조에 따른 표상기법이 수학 학습부진 및 수학 학습장애 아동의 문장제 문제해결능력에 미치는 효과. 특수교육저널: 이론과 실천, 7(2), 1-21.

하정숙, 박종호(2013). 직접 교수법을 활용한 핵심어 전략이 수학 학습장애 위험 아동, 읽기-

수학 공존 학습장애 위험 아동, 일반 아동의 수학 문장제 해결능력에 미치는 효과. 특수아동교육연구, 15(3), 23-44.

Burns, R. B. , & Lash, A. A. (1988). Nine seventh-grade teacher's knowledge and planning of problem-solving instruction. *The Elementary School Journal, 88*, 369-386.

Mercer, C. D. , & Mercer, A. R. (1998). *Teaching students with learning problems* (5th ed.). Upper Saddle River, NJ: Prentice-Hall.

핵심어 전략의 효과성

1

직접 교수법을 활용한 핵심어 전략이 수학 학습장애 위험아동, 읽기-수학 공존 학습장애 위험아동, 일반 아동의 수학 문장제 문제해결능력에 미치는 효과[4]

1) 연구 방법

(1) 연구 대상

본 연구는 J시에 소재하고 있는 G초등학교에 재학 중인 2학년 전체 아동(146명)을 대상으로 학기 초 진단평가 결과와 중재반응모형 단계 1의 보편적 중재를 한 학기 동안 실시하면서 얻은 중간고사, 기말고사 결과를 활용하여 다음 〈표 2-1〉과 같은 기준에 따라 선정하였다.

〈표 2-1〉 연구 대상의 선정 기준

수학/읽기-수학 공존 학습장애 위험아동의 선정 기준	일반 아동의 선정 기준
• 3월 진단평가 결과 수학교과/읽기-수학교과 각각에서 60점 미만을 받아 해당 교과부진으로 선정된 아동 중 학부모가 동의한 아동 • 1학기 중간고사 결과 수학/국어-수학교과에서만 하위 15%에 해당되는 아동 중 학부모가 동의한 아동 • 1학기 기말고사 결과 수학/국어-수학교과에서만 하위 15%에 해당되는 아동 중 학부모가 동의한 아동	• 3월 진단평가, 1학기 중간고사, 기말고사 결과 국어교과와 수학교과에서 교과부진과 하위 15%에 해당되지 않고 각각 두 교과 점수가 80점(G초등학교 일반 아동 점수분포에서 2단계 집중 중재가 도움이 되겠다고 여긴 상한 점수)을 넘지 않는 읽기 및 수학 학습장애 위험성을 갖고 있지 않은 아동 • 교사의 추천 및 학부모의 동의로 방과 후에 수학을 더 공부하고 싶은 아동

---

4) 하정숙, 박종호(2013). 직접 교수법을 활용한 핵심어 전략이 수학 학습장애 위험아동, 읽기-수학 공존 학습장애 위험아동, 일반 아동의 수학 문장제 문제해결능력에 미치는 효과. 특수아동교육연구, 15(3), 23-44.

그 결과, 수학 학습장애 위험아동 13명(남: 8, 여: 5), 읽기-수학 공존 학습장애 위험 아동 9명(남: 5, 여: 4), 일반 아동 15명(남: 7, 여: 8)으로 총 37명이 선정되었다. 학생의 선정은 1학기에 이루어지고 중재는 2학기에 적용되어 방학 기간에 연구 대상의 연속성에 문제가 있을 수 있기 때문에 이 세 집단 아동들이 2학기에도 동일한 집단인지 알아보기 위해 방학 전·후 동질성 검증을 실시하였다. 결과는 세 집단 모두 통계적으로 의미 있는 차이가 나타나지 않았기에 이들 모두를 대상으로 중재반응모형 단계 2의 표적집단 중재를 실시하였다.

(2) 검사 도구

① 수학 문장제 해결력 검사

수학 문장제란 수를 포함한 여러 문장으로 구성된 것으로 연산부호가 겉으로 드러나지 않는 문제다. Riley, Greeno와 Heller(1983)는 수학 문장제 문제 유형을 변화형, 결합형, 비교형, 등화형 등 16가지를 제시하였다. 그중 초등학교 2학년 수학교과서, 익힘책 및 교사용 지도서에 제시되어 있지 않은 유형을 제외한 변화형, 결합형, 비교형, 등화형, 2단계 변화형, 2단계 비교형의 17문항을 〈표 2-2〉와 같이 기본 유형으로 선정하였다.

선정된 17문항의 기본 유형을 본 연구자와 경력 10년 이상의 수학교육 관련 석사학위 소지자 1명, 박사학위 과정 1명에게 자문을 받아 결합형 1, 변화형 1, 비교형 1을한 문제씩 더 첨가하여 연구 성격에 맞게 20문항의 수학 문장제 해결력 검사지를 구성하고, 4종류의 동형 검사지도 제작하였다. 제작한 4종류의 수학 문장제 해결력 동형 검사지는 진주 시내 2개 초등학교 2학년 아동에게 문제를 풀게 하여 Pearson 상관계수를 통해 동형검사 신뢰도를 구하였다. 신뢰도 검정 결과 .53 이상으로 통계적으로 유의한 수준으로 나타났다.

이렇게 제작된 동형 수학 문장제 해결력 검사는 총 30회기의 중재 중 8회기나 6회기마다 1회기씩 네 번 실시하여 아동의 진전도를 측정하였다. 검사시간은 40분이며 채점 방법으로는 연구 대상 아동이 주어진 수학 문장제 문제를 해결하기 위해 올바른 수식을 만들고 해결하는 과정론적 접근을 하였다. 올바른 수식을 성립시키면 3점, 올바른 답에 2점을 부여하는 것으로 한 문항당 5점, 만점은 100점이 된다.

〈표 2-2〉 수학 문장제 문제의 17문항 예시 유형

유형	문장제 문제 예시
결합형 1	정숙이는 사과 22개와 딸기 54개를 가지고 있습니다. 정숙이가 가지고 있는 과일은 모두 몇 개일까요?
결합형 2	혜영이네 학년 382명은 어린이대공원으로 소풍을 갔습니다. 이 중에서 여학생이 137명입니다. 그렇다면 남학생은 몇 명일까요?
변화형 1	바구니에 사과가 415개 있었습니다. 그런데 이안이가 이 바구니에 사과를 239개 더 넣었습니다. 이제 바구니에는 몇 개의 사과가 있을까요?
변화형 2	종호는 풍선을 78개 가지고 있었습니다. 그중에 35개가 터졌습니다. 종호는 터지지 않은 풍선을 모두 몇 개 가지고 있을까요?
변화형 3	현우가 구슬을 157개 가지고 있었습니다. 그런데 영희가 현우에게 구슬을 몇 개 더 주었더니 현우의 구슬이 282개가 되었습니다. 영희가 현우에게 준 구슬은 모두 몇 개일까요?
변화형 4	어머니는 영은이에게 용돈을 5,500원 주셨습니다. 영은이가 이 돈으로 크레파스를 샀더니 1,850원이 남았습니다. 영은이가 산 크레파스는 얼마일까요?
변화형 5	정희는 어제부터 돼지저금통에 저축을 합니다. 오늘도 정희는 돼지저금통에 470원을 저축했습니다. 그랬더니 돼지저금통 안에 있는 돈은 850원이 되었습니다. 어제 정희가 저축한 돈은 얼마였을까요?
변화형 6	원이는 구슬을 많이 가지고 있습니다. 그중 184개를 동생에게 주었습니다. 그랬더니 원이의 구슬이 157개가 되었습니다. 원이가 처음에 가지고 있던 구슬은 몇 개였을까요?
비교형 1	공원의 입장료가 어른은 820원이고, 어린이는 450원입니다. 어른 입장료는 어린이 입장료보다 얼마나 더 비싼가요?
비교형 2	영희네 사과나무에는 245개의 사과가 달려 있습니다. 철수네 사과나무에는 187개의 사과가 달려 있습니다. 철수네 사과나무는 영희네 사과나무에 비하여 몇 개가 덜 달려 있나요?
비교형 3	현우는 950원을 가지고 있습니다. 그런데 영은이는 현우보다 270원을 더 가지고 있습니다. 영은이가 가지고 있는 돈은 모두 얼마일까요?
등화형 1	현지는 우표를 75장, 성훈이는 48장 모았습니다. 성훈이가 몇 장을 더 모아야 현지의 우표 수와 같아지나요?
등화형 2	진주는 24개의 사탕을 가지고 있습니다. 만일 진주가 11개의 사탕을 더 산다면 진주는 가람이와 같은 수의 사탕을 갖게 됩니다. 가람이는 몇 개의 사탕을 갖고 있나요?
2단계 변화형	주차장에 자동차가 83대 있었습니다. 오전에 19대가 나가고 오후에 다시 18대가 나갔습니다. 주차장에 남은 자동차는 몇 대인가요?

2단계 변화형	지하철에 42명의 사람이 타고 있었습니다. 다음 역에서 4명이 내리고 6명이 탔습니다. 지하철에는 모두 몇 사람이 타고 있을까요?
2단계 변화형	철수는 187개의 구슬을 가지고 있습니다. 철수는 동생 시후에게 53개의 구슬을 주었습니다. 조금 후에 시후가 27개의 구슬을 철수에게 다시 주었습니다. 철수가 가지고 있는 구슬은 모두 몇 개일까요?
2단계 비교형	정훈이에게 딱지가 37개 있습니다. 현중이는 정훈이보다 18개가 더 많습니다. 아이들은 모두 몇 개의 딱지를 가지고 있나요?

② 동질성 검사

동질성 검사는 1학기 말에 선별한 수학 학습장애 위험아동이 방학을 마치고 온 후에도 동질 집단인지를 알아보기 위해 제작한 검사지다. 1학기 수학과 기말고사와 난이도가 같은 검사로 200문항을 활용하였다.

2) 연구 절차

본 연구의 문제를 해결하기 위해서 다음 [그림 2-1]과 같이 연구를 진행하였다.

2012년 3월, 2학년 담임교사 대상 오리엔테이션 실시

⬇

2012년 1학기, 단계 1의 일반 교수를 학급 전체 아동에게 실시하고,
진단평가, 중간고사, 기말고사를 활용하여 세 집단의 아동 선정

⬇

2013년 9월, 세 집단에 있는 학생들의 동질성 검사 실시

⬇

2013년 9~12월, 직접 교수를 활용한 핵심어 전략을 주 2회기씩 15주 동안 30회기 중재
(단계 2의 표적집단 중재) 실시

⬇

2013년 9월, 세 집단에 있는 학생들의 동질성 검사 실시

[그림 2-1] 연구 진행과정

(1) 실험 도구 및 자료

본 연구는 직접 교수법을 활용한 핵심어 전략을 수학 학습장애 위험아동 집단, 읽기-수학 공존 학습장애 위험아동 집단, 일반 아동 집단을 대상으로 지도하였다. 직접 교수법은 도달하고자 하는 목표를 명시하고 그 도달과정에서의 방법적인 전략과 결과를 학생들에게 분명히 인지시킨다는 점에서 학습능력이 부족한 학생에게 효과적인 것으로 알려져 있다(김자경, 김기주, 2002). 직접 교수법은 수업을 학습 목표에 따라 설명, 시범, 유도 및 실제 연습, 오류 교정의 여러 단계로 세분화하고 있다. 핵심어 전략은 문제를 해결하는 데 필요한 핵심어를 인지시키고 문제를 해결하도록 하는 전략으로서(Miller & Mercer, 1993b), 본 연구에서는 초등학교 수학교과서, 익힘책 및 교사용 지도서에 제시된 문제를 활용하여 핵심어 전략을 지도하였다. 핵심어 전략은 문장제 문제를 읽고 문제에 포함된 핵심어에 표시(예: 밑줄 긋기)를 한 다음, 수식을 형성하는 핵심 단어의 의미를 재해석하며, 이를 수식으로 표현하여 계산하는 것이다.

본 연구에서는 핵심어 전략을 문장제 문제 읽기 → 핵심어 발견하기 → 그림 그리기 → 식 세우기 → 답 구하기의 5단계로 나누고 이를 직접 교수법의 교사 시범, 유도, 점검 과정에 투입하였다. 즉, 교사가 핵심어 전략 5단계를 활용한 문장제 문제해결 과정을 시범보이고, 교사와 함께 혹은 혼자 수학 문장제 문제를 해결하도록 하면서 피드백을 주었다. 이때 교사는 아동이 완벽하게 문제를 해결할 때까지 계속적인 도움을 주고 용암법을 사용하여 아동 스스로 문제를 풀 수 있도록 하였다. 또한 수학 문장제 유형에 따라 나오는 핵심어를 핵심어 목록 카드로 만들어 암기하도록 하였고, 핵심어의 의미를 이해하도록 지도하였다. 핵심어가 2개 이상이거나 핵심어가 완전하지 못한 복합 문장제 또는 변화형을 여러 번 지도하였고, 핵심어가 잘 제시되어 있지 않은 문제의 해결 방법도 지도하였다.

(2) 실험 처치

본 연구는 직접 교수법을 활용한 핵심어 전략이 수학 학습장애 위험아동, 읽기-수학 공존 학습장애 위험아동, 일반 아동의 수학 문장제 해결능력의 향상을 목적으로 하고 있으므로 Vaughn과 Fuchs(2003)가 제안한 중재반응모형 2단계를 토대로 하였다. 단계 1은 2012년 한 학기 동안 담임교사가 전체 아동을 대상으로 수학교과 수업

시간을 이용하여 보편적인 일반 교수를 제공하였다. 단계 2는 단계 1에서 선별된 세 집단의 학생을 대상으로 중재 프로그램을 〈표 2-3〉과 같이 적용하였다. 중재 프로그램은 연구 대상 아동이 일반 학급에서의 교육과정을 받은 뒤 방과 후에 특별 교실에서 주 2회씩 15주 동안 총 30회기(매 회기 40분) 실시되었다. 이에 활용되는 프로그램은 2-1학기 수학교과서, 익힘책 및 교사용 지도서를 활용하여 본 연구자와 경력 10년 이상의 수학교육 관련 석사학위 소지자 1명, 박사학위 과정 1명과 함께 연구 성격에 맞게 구성하였다. 수학은 계열성과 계통성이 강한 교과이므로 학습계열을 고려하여 수와 연산 영역의 덧셈과 뺄셈에서 수학 문장제 문제를 내용으로 추출하였다. 중재를 실시하는 동안 4주 8회기에 1회씩 총 네 번 수학 문장제 문제해결력 검사를 실시하였다.

〈표 2-3〉 중재 프로그램의 구성

회기	단원	학습 주제	회기	단원	학습 주제
1	2-1-1. 세 자리 수	• 50까지 수의 순서 알기 • 60, 70, 80, 90 알기	9	2-1-2. 덧셈과 뺄셈 (1)	• 덧셈하기 (1)
2	2-1-1. 세 자리 수	• 백을 알기 • 몇 백을 알기	10	2-1-2. 덧셈과 뺄셈 (1)	• 덧셈하기 (2)
3	2-1-1. 세 자리 수	• 99까지의 수 세기	11	2-1-2. 덧셈과 뺄셈 (1)	• 뺄셈하기 (1)
4	2-1-1. 세 자리 수	• 세 자리 수 세기 • 세 자리 수 읽고 쓰기	12	2-1-2. 덧셈과 뺄셈 (1)	• 뺄셈하기 (2)
5	2-1-1. 세 자리 수	• 뛰어서 세기	13	2-1-2. 덧셈과 뺄셈 (1)	• 뺄셈하기 (3)
6	2-1-1. 세 자리 수	• 두 수의 크기 비교	14	2-1-2. 덧셈과 뺄셈 (1)	• 세 수의 계산 (1)
7	2-1-1. 세 자리 수	• 규칙 찾기	15	2-1-2. 덧셈과 뺄셈 (1)	• 세 수의 계산 (2)
8	2-1-1. 세 자리 수	• 단원 정리 및 평가	16	2-1-2. 덧셈과 뺄셈 (1)	• 단원 정리 및 평가
	1회 문장제 문제해결력 검사			2회 문장제 문제해결력 검사	

계속

회기	단원	학습 주제	회기	단원	학습 주제
17	2-1-2. 덧셈과 뺄셈 (2)	• 덧셈, 뺄셈하기 (1)	25	2-1-6. 식 만들기	• 어떤 수를 □ 나타내기
18	2-1-2. 덧셈과 뺄셈 (2)	• 덧셈, 뺄셈하기 (2)	26	2-1-6. 식 만들기	• 덧셈식에서 □값 구하기 (1) • 덧셈식에서 □값 구하기 (2)
19	2-1-2. 덧셈과 뺄셈 (2)	• 덧셈과 뺄셈 관계 알기	27	2-1-6. 식 만들기	• 뺄셈식에서 □값 구하기 (1) • 뺄셈식에서 □값 구하기 (2)
20	2-1-2. 덧셈과 뺄셈 (2)	• 여러 가지 방법으로 계산 (1)	28	2-1-6. 식 만들기	• 식에 알맞은 문제 만들기 (1)
21	2-1-2. 덧셈과 뺄셈 (2)	• 여러 가지 방법으로 계산 (2)	29	2-1-6. 식 만들기	• 식에 알맞은 문제 만들기 (2)
22	2-1-2. 덧셈과 뺄셈 (2)	• 세 수의 계산 (1)	30	2-1-6. 식 만들기	• 단원 정리 및 평가
23	2-1-2. 덧셈과 뺄셈 (2)	• 세 수의 계산 (2)			
24	2-1-2. 덧셈과 뺄셈 (2)	• 단원 정리 및 평가			
3회 문장제 문제해결력 검사			4회 문장제 문제해결력 검사		

3) 연구 결과

직접 교수법을 활용한 핵심어 전략을 세 집단에 지도한 결과 수학 문장제 문제해결능력 진전도 평균 점수 변화는 다음의 〈표 2-4〉와 같다.

〈표 2-4〉 직접 교수법을 활용한 핵심어 전략에 따른 세 집단의 진전도 변화

	학년 (N)	선발 평균 점수	1회(4주)		2회(8주)		3회(12주)		4회(15주)		전체 평균	
			평균	표준 편차	평균	표준 편차	평균	표준 편차	평균	표준 편차	평균	표준 편차
MDR/ RDR	2학년 (9)	40.56	46.11	11.84	52.78	13.46	61.11	15.50	71.67	17.75	57.92	14.40
MDR	2학년 (13)	49.31	55.38	10.09	63.84	11.20	75.76	13.20	81.15	13.09	69.03	11.70
NDR	2학년 (15)	73.50	83.50	7.83	92.50	5.89	97.50	3.53	99.00	2.10	93.12	4.29

※ MDR/RDR: 읽기-수학 공존 학습장애 위험아동, MDR: 수학 학습장애 위험아동, NDR: 일반 아동

〈표 2-4〉를 보면, 수학 학습장애 위험아동(13명)은 4주 1회 평균 55.38점에서 15주 4회 평균은 81.15점으로 25.77점이 향상되었다. 또한 회기에 따른 변화 추이를 살펴보면, 회기 수의 증가에 따라 문장제 문제해결력 진전도 변화 폭도 크게 나타났으며, 8주 2회~12주 3회의 변화 폭이 11.92점으로 가장 큰 변화를 보였다. 읽기-수학 공존 학습장애 위험아동(9명)은 4주 1회 평균 46.11점에서 15주 4회 평균은 71.67점으로 25.56점이 향상되었다. 회기 수가 증가함에 따라 문장제 문제해결력의 진전도 변화 폭이 크게 나타났으며, 12주 3회~15주 4회의 변화 폭이 10.56점으로 가장 큰 변화를 나타냈다. 일반 아동(15명)은 4주 1회 평균 83.50점에서 15주 4회 평균 99.00점으로 15.50점이 향상되었다. 회기 수가 증가함에 따라 선발 평균 점수에서 4주 1회의 변화 폭이 10점, 4주 1회~8주 2회의 변화 폭이 9점으로 가장 큰 변화를 보였으며, 12주 3회와 15주 4회는 변화 폭이 적은 고원현상을 보였다.

〈표 2-5〉 세 집단의 수학 문장제 문제해결능력 진전도와 단일회귀식에서 얻은 모수

	학년	평균	표준편차	상수	기울기	결정계수
MDR/RDR	2학년(9)	57.92	14.40	36.67	8.18	0.96
MDR	2학년(13)	69.03	11.70	46.73	8.9	0.97
NDR	2학년(15)	93.12	4.29	80.25	5.15	0.98

〈표 2-5〉에 나타낸 진전도의 기울기, 상수, 결정계수는 단일회귀분석을 통해 구한 값이다. 회기 수에 따른 진전도는 단일회귀식의 선형성을 결정짓는 결정계수가 0.9 이상의 값을 갖는 것을 확인하였다. 진전도의 기울기는 수학 학습장애 위험아동 8.9, 읽기-수학 공존 학습장애 위험아동 8.18, 일반 아동 5.15를 나타냈다. 수학 학습장애 위험아동은 가장 큰 기울기를 보였으며, 일반 아동은 단기간에 큰 변화와 그 이후 점수의 고원현상으로 적은 기울기를 보였다. 즉, 세 집단의 기울기와 그 값의 크기는 조금씩 다르지만 모두 동일한 경향성을 띠고 있다고 볼 수 있다.

4) 함의

본 연구의 직접 교수법을 활용한 핵심어 전략은 수학 학습장애 위험아동, 읽기-수학 공존 학습장애 위험아동, 일반 아동의 수학 문장제 문제해결능력 향상에 긍정적인 효과를 미쳤다고 할 수 있다. 이러한 결과는 교사가 학습자의 학습능력과 인지적 이해 수준에 맞게 구체적이고 명시적인 설명과 시범을 통해 아동을 학습 활동에 능동적으로 참여하도록 유도하는 직접 교수법을 활용하여(하정숙, 정대영, 2012b) 수학 문장제 문제에서 계산 방법을 결정하는 데 필요한 핵심어를 인지시키고 문제를 해결하도록 하는 5단계 핵심어 전략을 투입했기 때문이라고 본다. 그러나 다른 연구자들은 핵심어 전략이 아동이 문제의 중요한 정보를 무시한 채 핵심 단어에만 집중한다고 우려하기도 하며(Mercer & Merce, 1998), 신원식과 유은정(2006)은 학습부진 아동의 수학 문장제 문제해결능력 향상을 위해 초인지 전략과 핵심어 전략을 비교한 결과 초인지 전략이 핵심어 전략보다 단기간에 학습부진 아동의 문제해결 정확도와 유창성을 향상시켰다고 주장하였다. 이와 같은 상이한 연구 결과는 연구 대상 아동의 다른 학년에 따른 수학 문제해결 문제 수준의 차이로, 신원식과 유은정(2006)은 초등학교 3학년 학습부진아를 대상으로 하였고 본 연구는 초등학교 2학년을 대상으로 하였다. 따라서 핵심어 전략은 핵심어가 분명하게 드러날 때 효과적이지만 수학 문장제의 난이도가 높아질수록 핵심어 전략만으로 수학 문장제 문제해결에 큰 도움이 되지 않을 수도 있으므로 아동이 문제 상황을 이해하도록 지도해야 한다. 또한 수학 학습장애 위험아동을 지도하는 방법에서 하나의 학습 전략을 심도 있게 적용하는 방법도 중요하지만 본 연구에서와 같이 효과 있는 다양한 기법을 결합하여 시도하는 것 또한 많은 장점과 시사점을 가질 수 있을 것이다.

  본 연구에서 주목할 점은 직접 교수법을 활용한 핵심어 전략에 따른 세 집단의 관계성 기울기 값의 크기가 조금씩 다르지만 모두 단조 증가라는 동일한 경향성을 띠고 있으며, 수학 문장제 문제해결능력의 진전도에서 일반 아동 > 수학 학습장애 위험아동 > 읽기-수학 공존 학습장애 위험아동 순으로 단기간에 큰 변화를 보임을 알 수 있었다. 이러한 결과는 일반 아동, 수학 학습장애 위험아동, 읽기-수학 공존 학습장애 위험아동은 이질적인 집단으로, 읽기와 수학에 문제가 없는 일반 아동일수록 단기간에 더 높은 점수로 향상되고 읽기와 수학에 모두 문제가 있는 읽기-수학 공존 학습장애 위험아동일수록 장기간의 중재가 필요하다고 볼 수 있다. 따라서 수학 문장제 문제해결능력을 향상시키기 위해서는 각 집단의 특성에 따라 개별화되고 차별화된 교육중재가 필요하며, 세 집단에 동일한 교육중재를 실시할 경우 읽기-수학 공존학습장애 위험아동에게 가장 장기간의 교육중재가 주어져야 할 것이다.

참고문헌

김자경, 김기주(2002). 학습장애 학생을 위한 차별화 교수법. 서울: 시그마프레스.

신원식, 유은정(2006). 학습부진 아동들의 수학 문장제 해결능력 향상을 위한 학습 전략 비교. 초등특수교육연구, 8(1), 93-122.

하정숙, 정대영(2012b). 초등2학년 수학 학습장애 위험아동을 위한 소집단 집중교수의 효과. 특수아동교육연구, 14(4), 351-376.

Miller, S. P., & Mercer, C. D. (1993b). Mnemonic: Enhancing the math performance of students with learning disabilities. *Intervention in School and Clinic, 29*, 78-82.

Mercer, C. D., & Mercer, A. R. (1998). *Teaching students with learning problems* (5th ed.). Upper Saddle River, NJ: Prentice-Hall.

Riley, M. S., Greeno, J. G., & Heller, J. I. (1983). Development of children's problem solving ability in arithmetic. In H. Ginsburg (Ed.), *The development of mathematical thinking* (pp. 153-196). NY: Academic Press.

Vaughn, S., & Fuchs, L. S. (2003). Redefining learning disabilities as inadequate response to instruction: The promise and potential problems. *Learning Disabilities Research & Practice, 18*(3), 137−146.

2
학습장애 학생의 수학 문장제 해결능력 향상에 관한 연구: 세 가지 학습 전략(핵심어 전략을 중심으로)의 효과 비교[5]

1) 연구 방법

본 연구는 학습장애 학생 및 수학 학습 부진아의 수학 문장제 문제해결능력 향상을 위한 세 가지 학습 전략의 효과, 그리고 어떠한 전략이 다양한 유형의 수학 문장제 문제를 가장 빠르고 정확하게 해결하도록 도움을 주는지 살펴보고자 한다. 이 세 가지 전략은 ㉠ 문제풀이의 전 과정에서 학생들의 자율적 과정을 강조하는 6단계 문제해결로 이루어진 인지 전략, ㉡ 학생들이 문제 상황을 그림으로 표현하도록 하는 그림 전략, ㉢ 적절한 연산을 결정하기 위해 문장제 문제 내에서 특정 단어를 찾도록 하는 핵심어 전략이다.

(1) 연구 대상

본 연구는 수학 문장제 풀이에 심각한 문제를 보이는 4~5학년 학생 9명을 대상으로 하였다. 3~4학년 수준의 문장제로 이루어진 검사에서 정확도 50% 이하의 문제풀이 수준을 보이는 동시에, 문장제가 아닌 더하기 빼기 연산에서 70% 이상의 정확도를 보이는 학생을 기준으로 선발하였다. 이 중 6명은 읽기와 쓰기에서 학습조력 서비스(Title 1)를 받고 있었고, 3명은 학습장애로 진단받아 관련 서비스를 받고 있었다. 연구가 계속되는 동안 이 학생들은 수학 부분에서 아무런 특수교육 서비스를 받지 않았다. 각각의 전략 그룹에 3명의 학생을 배정하였는데, 이들 세 그룹의 동질성을 확보하기 위해 먼저 각 그룹의 평균 읽기 수준, 평균 수학 문장제 문제해결 수준이 같도록 학생들을 분류한 후, 나이, 성별, 해당 특수교육 서비스 등을 고려하여 최종 확정하였다.

---

5) 김소희(2004). 학습장애 학생의 수학 문장제 해결능력 향상에 관한 연구: 세 가지 학습 전략(핵심어 전략을 중심으로)의 효과 비교. 학습장애연구, 1(1), 63-93.

(2) 검사 도구

본 연구에서 대상자 선발 및 중재 평가, 일반화 및 유지 확인에 필요한 검사 도구는 다음과 같이 제작되었다. 첫째, 모든 실험조건에 사용된 문장제 문제는 미국 초등학교에서 가장 많이 사용되는 다섯 가지 교과서 회사의 수학교재(3~4학년 수준)에서 추출하였다. 추출된 문제를 다시 단순 문장제 문제, 복합 문장제 문제, 교란 문장제 문제라는 세 가지 유형으로 분류하였고, 각각의 문제에 대한 난이도 검증을 실시하였다. 일리노이의 한 초등학교의 도움을 받아 60개의 시범 문장제 문제 검사를 그 학교 4~5학년 전체 학습장애 및 비장애 학생들에게 실시하여 각 문항별 난이도를 산출하고, 본 연구에서 사용할 모든 평가 도구가 고른 난이도 및 유형별 문제 수를 가지도록 안배함으로써 검사 도구에서 일어날 수 있는 여타 변인을 통제하였다. 평가 도구는 사전 검사 12문제, 각 중재 평가 검사 10문제, 두 번째 일반화 검사(사후 평가 역할도 함) 12문제로 구성하였고, 각 검사의 문제 유형 및 난이도도 균등하게 안배하였다.

2) 연구 절차

본 연구에서는 세 가지 전략의 효과를 비교하기 위해 동시 중재법을 수정하여 사용하였다. 실험 절차는 사전 연구, 기초선 측정, 1·2차 중재 및 평가, 일반화, 유지검사 실시 순으로 진행되었다. 마지막으로 학생들의 수업 만족도에 대한 설문과 인터뷰를 통해 사회적 타당도를 측정하였다.

(1) 실험 도구 및 자료

각각 다른 전략 수업을 받은 세 그룹 중 어느 그룹이 다양한 문장제 문제 유형으로 구성된 검사에서 정확도와 유창성에서 다른 그룹보다 뛰어난 효과를 드러내는지 알아보기 위해, 세 그룹을 각각 인지 전략 그룹, 핵심어 전략 그룹, 그림 전략 그룹으로 명명한 다음 해당 전략에 대한 중재가 주어졌다. 세 가지 전략 중재에 대한 설명은 다음과 같다.

① 인지 전략 중재

인지 전략 그룹을 위해 연구자는 선행 연구를 토대로 총 여섯 가지 절차로 구성된 인지 전략 기법을 제작하였다(Case et al., 1992; Hutchinson, 1993; Montague et al., 1993; Montague & Bos, 1986). 그 절차는 (a) 문제 크게 읽기, (b) 읽은 내용을 자신의 말로 설명해 보기, (c) 문제해결을 위해 중요한 단어와 숫자에 동그라미 치고 불필요한 숫자에 X표 하기, (d) 적절한 계산법을 결정하고 공식 세우기, (e) 공식 풀기, (f) 각 절차와 답 검토하기로 구성되어 있으며, 이 전략을 학생들이 보다 쉽게 숙지할 수 있게 절차의 앞 글자를 따서 만든 'RECIPE'라는 단어를 본 연구의 인지 전략 기법으로 활용하였다.

② 그림 전략 중재

그림 전략 그룹을 위해 연구자는 수학 문장제 문제에 나오는 정보를 이해하고 문제를 풀기 위한 계획을 세우도록 문장제 문제 내용을 그림으로 표현하는 기법을 제작하였다. 그림 전략 그룹은 문장제 문제 한 줄 한 줄을 그림으로 옮긴 후, 완성된 그림을 보고 문제해결의 실마리를 얻는 활동을 함으로써 얻은 기술을 다른 문제에도 활용하는 훈련을 받았다.

③ 핵심어 전략 중재

핵심어 전략 그룹은 문장제의 내용에서 계산 방법을 결정하는 데 도움이 될 만한 핵심어를 찾아내는 훈련을 받았다. 모든 문장제가 핵심어를 포함하고 있는 것은 아니며, 핵심어 하나로 복합 문장제 문제에서 2개 이상의 계산 방법을 결정하기는 무리임을 감안하여, 핵심어가 없을 경우 핵심어를 대치할 만한 단어를 찾는 연습과 찾아낸 단어를 복합 연산에 사용하는 방법을 중점적으로 연습하였다.

(2) 실험 처치

본 연구의 목표를 위해서 단일대상 연구 방법 중 2개 이상의 중재를 동시에 실시하여 그 효과를 비교하는 동시 중재법을 사용하였다. 동시 중재 설계는 첫 번째 중재 기간 중에 여러 가지 중재가 동시에 대상자에게 제공되고, 그중 가장 효과적으로 나타난 중재를 두 번째 중재 기간에 모든 대상자에게 실시하여 그 효과를 다시 한 번 확인하는 절차를 통해 독립변인과 종속변인 간의 기능적 관계를 증명한다. 그러나 본 연구에서는 한 대상자가 세 가지의 학습 전략을 동시에 학습할 경우, 문제풀이에서 각 전략을 완전히 분리해서 사용할 수 없다는, 이른바 중재 간 간섭효과를 피할 수 없다는 위험이 있었다. 각각의 전략효과를 보다 정확하게 검증하기 위해서 본 연구에서는 학습 수준과 장애 및 기타 특성을 고르게 평준화한 세 그룹을 사용하는 방법을 통해 이 문제를 해결하였다.

모든 중재는 학부모 동의하에 비디오로 녹화되었고, 이 연구 내용을 모르는 대학원생 한 명이 제2관찰자가 되어 녹화된 각 수업의 내용과 사전 계획 수업 내용 및 체크리스트를 사용하여 검사한 결과 독립변인의 신뢰도를 확보하였다. 종속변인의 신뢰도 역시 연구에 대해 잘 알지 못하는 대학원생 한 명이 제2관찰자 역할을 하여 채점 방식에 대한 정보를 공유하였다. 구간 대 구간 신뢰도 추정기법을 사용한 결과 .8 이상의 만족할 만한 수준으로 나타났다.

① 사전 연구

본 연구에 앞서, 기초선 및 첫 번째 중재 절차를 사전 연구를 통해 검증하였다. 일리노이 주 인근 한 초등학교의 5학년 학생 6명을 대상으로 실시한 사전 연구에서 각 평가 도구의 적절성과 평가에 소요되는 시간, 각 전략 프로그램의 적절성과 소요시간 등에 관한 중요한 정보가 수집되었고, 이러한 정보는 실험에 필요한 도구 및 절차의 보완에 사용되었다.

② 기초선 측정

첫 번째 기초선 회기에 연구자는 학생들에게 독립적으로 문제를 풀 것을 지시하였고, 학생에게 문제를 읽어 주는 경우를 제외하고는 어떤 도움도 제공되지 않을 것을 명시하였다. 세 그룹의 기초선이 모두 안정될 때까지 기초선 자료 측정이 계속되었다. 기초선의 안정은 Kazdin(1982)의 고전적 정의와 함께 그룹 평균이 50% 미만의 정확도를 연속 3회기 동안 보여야 한다는 기준을 적용하여 판단하였다. 모든 그룹의 기초선이 안정되었음을 확인한 후에 첫 번째 중재 기간으로 이동하였다.

③ 중재와 평가

첫 번째 중재의 목적은 인지 전략, 그림 전략, 핵심어 전략의 효과를 비교하는 데 있었다. 중재는 총 6회기로 직접 교수법을 통해 실시되었고 40분씩 소요되었다. 전략 그 자체를 제외한 나머지 중재 요소는 세 그룹 모두 동일하게 제공되었다. 본 연구의 중재를 실시하기 위해서, 특수교육교사 자격증을 소지하고 교사 경력이 10년 이상인 특수교사 2명을 고용하였다. 중재자의 수업 방식 및 특성의 차이에서 오는 여타 변인을 통제하기 위해 2명의 중재자를 교대로 세 그룹의 수업에 투입하는 로테이션을 실시하였다. 첫 번째 중재 기간이 종료된 후, 중재 평가가 세 그룹에 동시에 실시되었다. 중재 평가는 각 그룹의 자료선이 안정되고 그중 한 그룹의 성취가 다른 그룹과 뚜렷이 구별될 때까지 기다리며 총 8회 실시되었다.

두 번째 중재 기간에는 첫 번째 중재 평가에서 가장 효과적인 것으로 나타난 핵심어 전략을 인지 전략 그룹과 그림 전략 그룹에 제공하였다. 중재 내용과 절차는 첫 중재 기간에 핵심어 전략 그룹이 받았던 것과 동일하였다. 중재의 종결과 함께 모든 그룹에 두 번째 중재 평가가 동시에 실시되었다. 이 역시 첫 번째 평가와 동일하게 총 8회 실시되었다.

④ 일반화

본 연구의 일반화는 두 가지 방법으로 측정되었다. 첫째, 학생들이 본 연구에서 학습한 전략을 원적학급 수준의 문장제 문제해결에도 사용하는지를 측정하기 위해 원적학급 교과서에서 선정한 10개의 문장제로 이루어진 일반화 검사를 학생들에게 실시하여 정확도 수준을 측정하였다. 둘째, 대상자들이 전략의 상황 간 그리고 과제 간 일반화를 할 수 있는지를 알기 위해 원적학급 교사의 협조를 받아 문장제 문제 검사를 원적학급의 수학시간에 다른 학생들과 함께 풀도록 하였다. 검사 후 수집된 자료를 통해 검사자는 학생들의 전략 사용 여부 및 문제풀이의 정확도를 측정하였다.

⑤ 유지

두 번째 중재 평가의 마지막 회기로부터 20일 후 전략 학습효과의 유지를 알아보기 위해 첫 번째 평가를 실시하였다. 유지 평가는 3회 실시하였다.

3) 연구 결과

(1) 세 가지 문제해결 전략의 효과

본 연구의 연구 절차에 따른 연구 결과는 다음 [그림 2-2], [그림 2-3]과 같다.

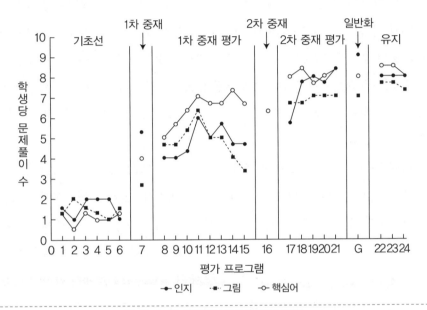

[그림 2-2] 문장제 해결 정확도 평균

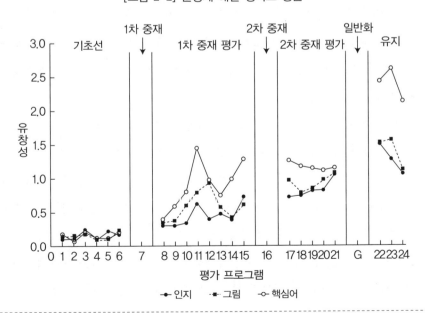

[그림 2-3] 문장제 해결 유창성 평균

첫 번째 중재 평가의 결과, 세 그룹 모두 정확도와 유창성에서 점차적인 증가를 보였고, 이는 기초선과 비교했을 때 그 효과가 현저하였다. 특히 핵심어 전략은 기초선에서 보여 준 정확도 수준인 10문제당 1.07의 정확도에서 6.47의 정확도로 상승했으며, 유창성도 1분당 0.15의 문제를 정확히 풀던 수준에서 0.90의 문제를 푸는 정도로 가장 많이 향상되었다. 인지 전략 그룹은 기초선에서 보여 준 정확도 수준인 10문제당 1.58의 정확도에서 4.79의 정확도로 상승했으며, 유창성도 1분당 0.16의 문제를 정확히 풀던 수준에서 0.45의 문제를 푸는 정도로 향상되었다. 그림 전략 그룹은 기초선에서 보여 준 정확도 수준인 10문제당 1.45의 정확도에서 4.79의 정확도로 상승했으며, 유창성도 1분당 0.16의 문제를 정확히 풀던 수준에서 0.59의 문제를 푸는 정도로 향상되었다.

두 번째 중재의 목적은 첫 번째 중재에서 가장 효과적인 것으로 나타났던 전략을 다른 두 그룹에 실시하고, 그 효과를 다시 한 번 입증함으로써 독립변인과 종속변인 간의 기능적 관계를 입증하는 데 있었다. 핵심어 전략 그룹은 두 번째 중재 기간에 아무 전략 수업을 받지 못하였음에도 더욱 높은 성취도를 나타냈다. 두 번째 중재 평가 결과에 의하면, 인지 전략 그룹은 첫 번째 중재 평가 정확도 4.79에서 핵심어 전략 학습 이후 7.47까지 향상되었으며, 유창성도 0.45에서 0.84로 증가하였다. 그림 전략 그룹은 첫 번째 중재 평가 정확도 4.79에서 핵심어 전략 학습 이후 6.87까지 향상되었으며, 유창성도 0.59에서 0.93으로 증가하였다. 핵심어 전략 그룹은 첫 번째 중재 평가 정확도 6.42에서 다른 그룹이 학습을 하는 동안 기다린 후 8.06까지 향상되었으며, 유창성도 0.90에서 1.19로 증가하였다.

두 번째 중재 평가의 마지막 회기로부터 20일 후 학생들이 핵심어 전략 기술을 유지하고 있는지 평가하였다. 그 결과, 학생들은 시간이 지나도 성공적으로 학습 내용을 유지하고 있는 것으로 드러났다. 인지 전략 그룹의 경우 평균 정확도가 8이며 유창성은 분당 1.32문제를 푼 것으로 나타났다. 그림 전략 그룹의 평균 정확도는 7.56이고 유창성은 분당 1.43문제를 풀며, 핵심어 그룹의 평균 정확도는 8.33이고 유창성도 분당 2.44문제를 푸는 등 아주 높았다. 시각적 분석 결과 세 그룹 모두 정확도에서는 안정된 성장을 보인 반면, 유창성에서는 다소 감소된 경향을 보였다. 핵심어 그룹은 유지 기간의 유창성에서 높은 수준을 보였으나, 이는 한 명의 결석으로 인하여 그룹

중 2명만 참가하여 이루어진 것임을 고려해야 할 것이다.

첫 번째 일반화는 학생들의 원적학급 수학교과서에서 선정한 10개의 문장제 문제를 풀도록 함으로써 수준 간 일반화가 이루어지는지를 알아보았다. 일반화 검사에서는 인지 전략 그룹이 가장 높은 정확도를 보였다. 유창성은 측정하지 않았다. 두 번째 일반화 검사로는 12문제로 이루어진 문장제 문제를 원적학급 전체와 함께 교실에서 풀도록 하여, 학생들이 배운 전략을 다른 상황에서도 문제풀이에 적용하는지에 관한 상황 간 일반화를 알아보고자 하였다. 또 다른 목적으로는, 실험이 시작되기 전 사전 문제로 사용한 12문제와 같은 분량, 같은 성격의 문제를 학생들에게 풀도록 함으로써 연구에 참여한 학생들과 그렇지 못한 원적학급 학생들 간의 차이가 얼마만큼 줄어들었는지 알아보기 위함이었다. 전체 학급의 평균은 8.13이었고 실험에 참가한 학생들의 평균은 7.89, 참가하지 않았던 학생들만의 평균은 8.36이었다. 본 연구에 참가한 학생들의 사전 검사 평균이 3이었던 것을 감안할 때 무려 4.39점이 향상된 것으로 보인다. 학생들은 학급에서 실시한 이 검사에서도 핵심어 및 학습한 전략을 사용하였음을 사후 조사 결과로 알 수 있었다.

(2) 문장제 문제 유형에 따른 학생들의 수행 정도

다양한 문장제의 유형에 따른 학생들의 성취도를 조사하기 위해 중재 평가 총 10문제를 4개의 복합 문장제 문제, 3개의 단순 문장제 문제, 3개의 교란 문장제 문제로 구성하였다. 중재에 들어가기 전, 연구자는 각 전략이 문장제의 유형에 따라 각기 다른 효과를 보일 것이라는 가설을 세웠다. 그러나 첫 번째 중재 평가 결과에 의하면, 다양한 유형에 대하여 전략별로 눈에 띄게 독특한 효과를 보이지는 않았다. 교란 문장제와 복합 문장제 문제에 관해서는 세 그룹 모두 1.5문제를 정확히 푼 것으로 나타났고, 단순 문장제 문제에서 인지 그룹과 그림 그룹이 2문제 이하를, 핵심어 그룹이 2.5문제를 푼 것으로 나타났다. 두 번째 중재 기간에 인지 전략 그룹과 그림 전략 그룹은 핵심어 전략 수업을 받았고 이 두 그룹은 단순 문장제 문제풀이에서 현저한 향상을 보였다. 세 그룹 모두 두 번째 중재 평가 중 단순 문장제 문제풀이에서 100%의 정확도를 보였다. 세 전략 그룹을 각각의 문장제 문제 유형에 비추어 분석해 보면, 인지 전략 그룹은 첫 번째 중재 평가 기간에 세 가지 문장제 문제 유형에서 어느 한 유형에 이렇다 할 향상을 보이지 않았지만 두 번째 중재 이후 단순 문장제 문제풀이에서 현저한 향상을 보였고, 이러한 경향은 계속 유지되었다. 그림 전략 그룹은 첫 번째와 두 번째 중재 평가 기간에 인지 전략 그룹과 유사한 양상을 보였고, 유지 기간에 복합 문장제 문제풀이에서 눈에 띄는 향상을 보였다. 핵심어 전략은 첫 번째 중재 평가 기간부터 눈에 띄는 향상을 보였으며 모든 유형에 걸쳐 고르게 향상되었다. 흥미로운 점은 핵심어 전략 그룹이 첫 번째 중재 이후 교란 문장제 문제풀이에서 눈에 띄는 성장을 보였다는 점이다. 두 번째 중재 기간 이후 이 그룹은 세 가지 문장제 문제 유형에서 고른 성취도를 보였다.

(3) 사회적 타당도

사회적 타당도는 연구에 참여한 학생들에게 중재의 효과 및 만족도에 대한 설문 및 질문을 함으로써 측정하였다. 9명의 학생 중 8명이 설문에 참여하여, 8개의 문항에 '예/아니요'로 답하였다. 중재가 도움이 되었냐는 질문에 응답자 전원이 '예'라고 대답하였다(100%). 연구자가 왜 그렇게 생각하는지를 질문하자, 학생들은 문장제 문제풀이를 이렇게 하면 되는구나 하고 자신감을 가졌다고 대답했고, 2명은 문장제 문제풀이가 쉬워졌다고 대답하였다. 핵심어 전략이 문장제 문제풀이에 도움이 되었냐는 질문에 학생 전원이 '예'라고 대답하였다(100%). 이유를 묻자, 학생들은 핵심어 전략이 가장 쉽게 이해가 되고, 적용이 쉬웠으며, 복잡한 문장제의 글을 쪼개어 이해하는 데 도움이 되었다고 응답하였다. 인지 전략 그룹 학생들에게 인지 학습 전략의 유용성에 대하여 질문하자, '도움이 되지 않았다'는 응답이 많았다(67%). 이유를 묻는 질문에 그들은 배우기도, 적용하기도 너무 복잡한 전략이라고 답하였다. 그림 전략의 경우에 이 전략이 도움이 되었다는 학생이 100%였다. 그러나 각 전략 간 비교효과를 묻는 질문에서 모든 학생이 핵심어 전략을 가장 많이 사용할 만한 전략으로 선택하였다. 모든 학생이 본 연구를 통해 문장제 문제풀이에 대한 흥미와 자신감을 얻었다고 보고하였다.

4) 함의

(1) 정확도에 대한 세 전략의 영향

연구 결과 세 전략(인지, 그림, 핵심어) 모두 학업성취도가 낮은 학생의 수학 문장제 문제해결 기술을 향상시키는 데 효과적인 것으로 나타났다. 인지 전략 그룹과 그림 전략 그룹은 기초선 평가 결과보다 정확도가 3배 증가하였고, 핵심어 전략 그룹의 정확도는 6배 증가하였다. 즉, 이 세 전략 중 핵심어 전략이 단기간 내에 정확도를 높이는 데 가장 효과적이었다. 1단계 평가 결과, 인지 전략 그룹과 그림 전략 그룹의 정확도는 48%였던 데 반해, 핵심어 전략 그룹의 정확도는 64%였다. 세 그룹 모두가 핵심어 지도를 받은 2단계 중재 후에는 정확도가 각각 74%(인지 전략 그룹), 69%(그림 전략 그룹), 80%(핵심어 전략 그룹)로 증가하였다. 따라서 핵심어 전략이 나머지 두 전략보다 더욱 효과적이라고 하겠다.

한편, 연구자들과 교육학자들은 핵심어 전략으로 인해 학생들이 문제의 중요한 정보를 무시한 채 핵심 단어에만 집중하게 된다고 우려하였다(Mercer & Mercer, 1998; Miller & Mercer, 1993; Sowder, 1988). 또한 핵심어만으로 정확한 연산을 선택하기 위한 정보를 얻을 수 없어서 학생들이 계산에 오류를 범하는 일이 잦을 수 있다. 그러나 이 연구에서는 핵심어 지도에 핵심어가 해결 방안의 일부만을 알려 주는 경우 어떻게 문제를 풀 것인지에 대한 내용을 포함시켰다. 그리고 학생들의 이해를 높이기 위해 자세한 문제풀이 시범을 보인 후, 여러 문제를 교사의 지도하에 스스로 풀어보도록 하였다. 또 지도 내용에 핵심어가 없는 문제도 포함시켰으며, 이런 경우 핵심어와 같은 의미를 가진 단어를 가려내거나 문제의 암시적인 의미를 찾아내는 방법을 가르쳤다. 문제를 주의 깊게 읽고 내용을 이해하도록 했으며, 세 종류의 문제(단순 문장제/복합 문장제/교란 문장제)에 이 전략을 적용하는 데 익숙해지도록 충분한 연습시간을 주었다. 그 결과, 교수법에 따라서 핵심어가 제시되지 않은 문제에도 이 전략을 적용할 수 있음을 알 수 있었다. 따라서 문제에 핵심어가 제시되지 않은 경우 문제가 암시하는 내용뿐 아니라 문제의 유형까지 감안하여 지도법을 설계한다면, 상대적으로 짧은 기간에 학생들의 문제해결 성취도를 높이는 데 핵심어 전략을 효과적으로 이용할 수 있을 것이다.

(2) 유창성에 대한 세 전략의 영향

핵심어 전략이 다른 두 전략보다 효과적이었다. 1단계 중재 후, 핵심어 전략 그룹의 유창성이 현저하게 증가하였다. 이 그룹의 학생들은 기초 검사(baseline test)에 비해 6배나 빠른 속도로 문제를 풀었다. 이에 비해 인지 전략 그룹의 유창성은 3배, 그림 인지 그룹은 3.5배 증가하였다. 두 번째 중재 후에도 다른 두 그룹의 유창성은 점진적으로 증가하였지만 핵심어 전략 그룹은 뚜렷한 향상을 보였다. 1분당 문제해결 수가 인지 그룹은 0.84개, 그림 그룹은 0.93개였지만 핵심어 그룹은 1개 이상이었다. 결국 유창성의 측면에서 세 그룹 모두 상당한 향상을 보인 편이다. 그러나 전략별 성취도를 비교하기 위해 유창성을 이용하는 경우 결과 해석에 오류가 발생할 수 있다. 핵심어 전략이 비교적 문장제 문제에 적용하기 쉬운 만큼 핵심어 전략 그룹의 학생들이 단순 문장제 문제를 푸는 시간은 상당히 단축되었다. 하지만 인지 전략 그룹은 각각의 문제에 대해 6단계나 되는 문제해결 단계를 적용해야 하기 때문에 그 모든 단계를 소화하고 체득하지 않으면 문제해결에 오히려 더 많은 시간이 소요된다. 그림 전략 그룹 역시 문제풀이에 많은 시간이 필요하다. 그림을 최대한 단순하게 그리도록 지도를 해도 학생들은 여전히 이 전략을 체득하고 효과적으로 사용하는 데 오랜 시간이 걸렸다. 그러나 실험에 참여한 학생들은 전략에 관계없이 모두 성취도 면에서 점진적인 향상을 보였다. 이는 며칠간 연속적으로 치른 시험으로 충분한 연습 기회를 가질 수 있었기 때문이기도 할 것이다. 이러한 점은 세 그룹의 지도 결과 유지에도 적용되었다. 세 그룹 모두 향상된 유창성을 유지했을 뿐 아니라 이전 단계에 비해 높은 성취도를 보였다. 이러한 결과는 교사들에게 중요한 사실을 알려 준다. 즉, 학생들이 어떤 문제해결 전략을 배운다고 해서 저절로 그 전략의 사용에 익숙해지는 것은 아니라는 점이다. 본 연구 결과는 문제해결 전략의 지도가 매일 혹은 지속적으로 이루어지는 연습을 통해서만 높은 효과를 기대할 수 있음을 보여 주고 있다.

(3) 문장제의 세 가지 유형별 성취도

본 연구에서는 한 걸음 더 나아가 핵심어 전략이 부가적인 정보가 포함된 문제(교란 문장제 문제)를 해결하는 데에도 효과적이라는 점을 밝혀냈다. 학생들이 교란 문제를 잘 풀지 못하는 것은, 각 숫자 정보의 타당성을 고려하지 않고 문제에 나오는 모든 숫자를 계산에 포함시키기 때문이다(Cawley et al., 2001). 그러나 이 그룹의 학생들은 다른 두 그룹 학생들보다 문제에서 제시하는 정보를 훨씬 잘 식별해 냈다. 인지 전략 및 그림 전략 그룹에서는 공식을 완성하는 한 단계로 문제와 무관한 정보와 적절한 정보를 구분하는 법을 전략의 일부분으로 배웠고, 핵심어 전략 그룹의 학생들은 불필요한 숫자를 제외시키는 교사의 문제풀이 시범을 보았을 뿐, 구체적으로 불필요한 정보를 구별하는 법을 배우지 않았다. 그렇다면 왜 핵심어 전략 그룹이 더 우수한 결과를 보였을까? 한 가지 가능한 추론은, 학생들이 일단 어떤 연산법을 사용할지 결정하고 나면 공식을 만들어 내는 동안은 불필요한 정보로 혼란을 겪는 일이 줄어든다는 점이다. 본 연구에서 실시한 검사에서는 각 문제 유형별로 3개의 문제를 출제하였기 때문에(복합 문장제는 4문제), 어떤 전략의 문제 유형별 효과를 밝히기에 충분했다고 할 수는 없다. 그러나 본 연구를 통해 얻을 수 있는 함의는 학생들이 문제 유형을 구별할 수 있다면 문제를 분석하는 능력도 함께 향상될 수 있다는 것이다. 따라서 유형을 구별하도록 가르치면 학생들은 문장제에 대한 배경 지식을 구축할 수 있고, 문제 유형에 따라 다른 접근 방법을 적용해야 한다는 사실을 알게 될 것이다.

참고문헌

Case, L. P., Harris, K. R., & Graham, S. (1992). Improving the mathematical problem-solving skills of students with learning disabilities: Self-regulated strategy development. *The Journal of Special Education, 26*, 1-19.

Cawley, J., Parmer, R., Foley, T., Salmon, S., & Roy, S. (2001). Arithmetic performance of students: Implications for standards and programming. *Exceptional Children, 67*, 311-328.

Hutchinson, N. L. (1993). Students with disabilities and mathematics education reform: Let the dialogue begin. *Remedial and Special Education, 14* (6), 20-23.

Kazdin, A. E. (1982). *Single-subject research designs: Methods for clinical and Applied settings.* New York: Oxford University Press.

Montague, M., & Bos, C. (1986). The effect of cognitive strategy training on verbal math problem solving performance of learning disabled adolescents. *Journal of*

Learning Disabilities, 19, 26–33.

Montague, M., Applegate, B., & Marquard, K. (1993). Cognitive strategy instruction and mathematical problem solving performance of students with learning disabilities. *Learning Disabilities Research and Practice, 8*, 222–232.

Mercer, C. D., & Mercer, A. R. (1998). *Teaching students with learning problems* (5th ed.). Upper Saddle River, NJ: Prentice–Hall.

Miller, S. P., & Mercer, C. D. (1993). Using a graduated word problem sequence to promote problem solving skills. *Learning Disabilities Research & Practice, 8*, 169–174.

Sowder, L. (1988). Children's solutions of story problems. *Journal of Mathematical Behavior, 7*, 227–238.

핵심어 전략의 예시

3

핵심어 전략 수업 지도안

단원(제재)	1. 덧셈과 뺄셈		대상 학년	3학년
본시 주제	네 자리 수와 세 자리 수의 뺄셈			
차시	○/9	활용 전략	핵심어 전략	
교수-학습 목표	– 문장제 문제에서 네 자리 수와 세 자리 수의 뺄셈을 핵심어 전략을 활용하여 정확하게 계산할 수 있다.			

단계	학습 요소	교수-학습 활동	시간	자료(◎) 및 유의점(※)
문제 확인	선수 학습 상기	✤ **선수 학습 상기** ▷ 퀴즈를 통해 네 자리 수끼리의 덧셈 복습하기 • 이 문제에서 가장 중요한 단서, 핵심어는 무엇일까요? – 사과와 과일 '모두'입니다. • 이 핵심어를 이용하여 식을 세우고 답을 구해 봅시다. – 4256+2485=6741입니다.	6′	◎퀴즈 ppt
	동기 유발	✤ **학습 동기 유발하기** ▷ '아빠 어디가' 동영상을 보고 문제 확인하기 • 윤후는 어떤 문제에 부딪혔나요? – 자두를 팔았는데 거스름으로 얼마를 주어야 할지 몰라요. • 윤후가 얼마를 거슬러 주어야 하는지 어떻게 구할 수 있을까요? – 낸 돈에서 물건 값을 빼야 할 것 같아요.		◎'아빠 어디가' 동영상 클립

학습 문제 확인	❖ **학습 문제 확인하기**	◎ppt
	문장제 문제에서 네 자리 수와 세 자리 수의 **뺄셈**을 핵심어 전략을 활용하여 정확하게 계산해 봅시다.	
학습 활동 안내	〈활동 1〉 중요한 단어를 찾는 방법을 알아보자! 〈활동 2〉 중요한 단어를 찾아라! 〈활동 3〉 빙고게임 하기!	
문제해결 방법 탐색하기 및 문제해결 하기	활동 1 핵심어 찾는 방법 알기	❖ **〈활동 1〉 문제 속 핵심어 찾는 방법 알기** ▷ 문제를 읽고, 문제해결의 단서가 되는 핵심어를 찾아 밑줄 긋기

산에 등산로가 2개 있습니다. '별'길은 <u>1,234m</u>이고, '달'길은 <u>875m</u>입니다. '별'길은 '달'길보다 <u>몇 m 더 길까요?</u>

- 다음 문제를 읽고 문제해결에 중요한 단어를 찾아 밑줄 그어 봅시다.
- 왜 그렇게 생각하나요?
- (교사의 시범과 함께) 이 문제는 두 길의 길이를 비교하고 있습니다. 따라서 비교하는 표현인 '~보다 ~더 길까요?'가 중요한 단어이며 이를 통해 큰 수에서 작은 수를 빼는 **뺄셈**을 이용해 문제를 해결해야 함을 알 수 있습니다. 문제에서 구하려는 것, 주어진 것이 무엇인지 생각해 보고 중요한 단어에 밑줄을 그어 문제를 풀이합니다.
- 찾은 핵심어를 이용해 문제의 식을 세우고 답을 구해 봅시다.
  - 식은 1234−875이며 답은 359입니다.

10′

※직접 교수를 적용하여 핵심어 전략을 교수한다.

※받아내림에 유의하도록 한다.

	활동 2 핵심어 찾기	✤ 〈활동 2〉 여러 문제에서 핵심어 찾기 ▷ 결합형, 비교형, 변화형, 등화형 등 여러 가지 수학 문장제 문제 유형으로 된 (네 자리 수)−(세 자리 수) 문제에서 핵심어 찾아보기 • 다음의 문제를 읽고, 중요한 단어에 밑줄을 그어 봅시다. 그리고 그 단서를 이용해서 식을 세워 봅시다. 형돈이는 용돈을 <u>3,500원</u> 받았습니다. 용돈으로 문구점에서 <u>950원</u>짜리 색연필을 <u>샀다면 남은 돈</u>은 얼마입니까? 　　− 식: 3500−950	10′	◎활동지 1 ※답을 구하기보다는 핵심어를 찾아 식을 세우는 연습을 하도록 한다. 교사와 함께 핵심어를 찾는다.
	활동 3 빙고 게임	✤ 〈활동 3〉 빙고 게임 ▷ 다양한 형태의 문장제 문제를 핵심어 전략을 사용하여 풀이하기 • 학습지에 있는 문제를 핵심어 전략을 활용하여 해결하고 빙고 게임을 해 봅시다. ▷ 평가하기 • 지금까지 푼 문제를 점검해 봅시다. 주요 단서를 모두 찾았나요? 문제에서 요구하는 것과 일치하나요? ▷ 주요 핵심어 정리하기 • 뺄셈에서 사용되는 핵심어는 어떤 것들이 있나요? 　　− ~보다 ~더, 남은, 얼마 더, 덜, 차, 전체와 부분 등이 있습니다.	10′	◎활동지 2
적용 및 발전	학습 내용 정리 및 차시 예고	✤ 학습 활동 정리하기 ▷ 오늘 학습한 내용 정리하기 • 오늘 배운 내용은 무엇입니까? 　　− 문제에서 중요한 단어를 찾고 뺄셈식을 만들어 풀어 보았어요.	3′	◎ppt

		• 수업 시작 부분에서 보았던 윤후의 문제를 해결해 볼까요?	1′	
		– 중요한 단어는 거스름돈이며 자두가 950원이므로 윤후가 거스름으로 주어야 하는 돈을 식으로 만들면 5000−950이고 답은 4,050원입니다.		
		✤ 차시 예고하기		
		• 다음 시간에는 네 자리 수끼리의 뺄셈을 배워 봅시다.		

❑ 본시 평가 계획

평가 내용	평가 시기	평가 방법
■ 문장제 문제에서 네 자리 수와 세 자리 수의 뺄셈을 핵심어 전략을 활용하여 정확하게 계산할 수 있는가?	활동 2, 활동 3	관찰 및 활동지

4

핵심어 전략 활동지

교과: 수학	단원(차시):	1. 덧셈과 뺄셈 (○/9)	
학년: 3-○		(네 자리 수) - (세 자리 수)	초등학교
			3 학년　반　번

활동지 1	**핵심어를 찾아라!**

❑ 다음 문제를 읽고 중요한 단어에 밑줄을 그어 봅시다. 그리고 이를 이용하여 계산식을 만들어 봅시다.

1. 재석이네 학교 학생들 1,519명은 놀이공원으로 소풍을 갔습니다. 이 중에서 남학생이 826명이라면 여학생은 몇 명일까요?

식:

2. 형돈이는 용돈을 3,500원 받았습니다. 용돈으로 문구점에서 740원짜리 색연필을 샀다면 남은 돈은 얼마입니까?

식:

3. 미술관의 입장료가 어른은 7,500원이고 어린이는 950원입니다. 어른 입장료는 어린이 입장료보다 얼마나 더 비싼가요?

식:

4. 홍철이는 딱지를 1,253장, 하하는 785장 모았습니다. 하하가 몇 장을 더 모아야 홍철이의 딱지 수와 같아질까요?

식:

교과: 수학	단원(차시):	**1. 덧셈과 뺄셈 (○/9)**	
학년: 3-○		(네 자리 수) – (세 자리 수)	초등학교 3 학년 반 번

활동지 2   수학 빙고 GO!

〈게임 방법〉

1. 각 칸에 들어 있는 문제를 읽고 핵심어를 찾아 밑줄을 긋습니다.
2. 핵심어를 토대로 식을 세운 후 답을 구합니다.
3. 친구들이 돌아가며 핵심어와 답을 하나씩 부르고 대각선, 세로, 가로 방향 중 어느 한 가지만 빙고가 되면 '빙고'를 외칩니다.

별이는 귤을 1,258개 가지고 있었습니다. 그중 879개를 팔았습니다. 남은 귤은 몇 개입니까? 식: 답:	아버지는 희준이에게 용돈을 5,500원 주셨습니다. 희준이가 이 돈으로 색연필을 샀더니 430원이 남았습니다. 희준이가 산 색연필은 얼마일까요? 식: 답:	명수는 어제부터 돼지저금통에 저금을 하였습니다. 명수는 오늘도 돼지저금통에 950원을 저금했습니다. 그랬더니 돼지저금통 안에 돈이 3,800원이 되었습니다. 어제 명수가 저금한 돈은 얼마일까요? 식: 답:
야구장에 입장한 사람은 총 1,674명이었습니다. 그중 남자가 845명이었다면 여자는 몇 명입니까? 식: 답:	운동회가 끝난 뒤 공책 3,000권을 한 사람에게 한 권씩 상품으로 나누어 주고 287권이 남았습니다. 공책을 받은 학생은 몇 명입니까? 식: 답:	공연 입장권이 6,400장 있었는데 오늘까지 789장을 팔았습니다. 남은 공연 입장권은 몇 장입니까? 식: 답:
지하철역에서 백화점까지의 거리는 3,468m이고 지하철역에서 시장까지의 거리는 854m입니다. 지하철역에서 시장까지의 거리와 지하철역에서 백화점까지의 거리의 차는 몇 m입니까? 식: 답:	현철이네 감나무에는 2,350개의 감이 달려 있습니다. 재형이네 감나무에는 987개의 감이 달려 있습니다. 재형이네 감나무는 현철이네 감나무에 비해 몇 개가 덜 달려 있나요? 식: 답:	나영이는 우표를 1,056장, 은희는 827장을 모았습니다. 은희가 몇 장을 더 모아야 나영이의 우표 수와 같아질까요? 식: 답:

5

핵심어 전략 평가지

교과: 수학	단원(차시):	1. 덧셈과 뺄셈 (○/9)
학년: 3-○		(네 자리 수) − (세 자리 수)

초등학교
3 학년　　반　　번

> **평가지 1**　　**핵심어를 찾아라!**

❑ 다음 문제를 읽고 중요한 단어에 밑줄을 그어 봅시다. 그리고 이를 이용하여 계산식을 만들어 봅시다.

---

1. 재석이네 학교 <u>학생들</u> 1,519명은 놀이공원으로 소풍을 갔습니다. 이 중에서 <u>남학생이 826명</u>이라면 <u>여학생은 몇 명</u>일까요?

식: 1519 − 826

---

2. 형돈이는 용돈을 <u>3,500원</u> 받았습니다. 용돈으로 문구점에서 <u>740원</u>짜리 색연필을 <u>샀다면</u> <u>남은 돈</u>은 얼마입니까?

식: 3500 − 740

---

3. 미술관의 입장료가 <u>어른은 7,500원</u>이고 <u>어린이는 950원</u>입니다. 어른 입장료는 어린이 입장료<u>보다</u> 얼마나 더 비싼가요?

식: 7500 − 950

---

4. 홍철이는 딱지를 <u>1,253장</u>, 하하는 <u>785장</u> 모았습니다. 하하가 <u>몇 장을 더 모아야</u> 홍철이의 딱지 수와 같아질까요?

식: 1253 − 785

교과: 수학	단원(차시):	**1. 덧셈과 뺄셈 (○/9)**	
학년: 3-○		**(네 자리 수) - (세 자리 수)**	초등학교 3 학년 반 번

평가지 2   **수학 빙고 GO!**

〈게임 방법〉
1. 각 칸에 들어 있는 문제를 읽고 핵심어를 찾아 밑줄 긋습니다.
2. 핵심어를 토대로 식을 세운 후 답을 구합니다.
3. 친구들이 돌아가며 핵심어와 답을 하나씩 부르고 대각선, 세로, 가로 방향 중 어느 한 가지만 빙고가 되면 '빙고'를 외칩니다.

별이는 귤을 <u>1,258개</u> 가지고 있었습니다. 그중 <u>879개</u>를 팔았습니다. <u>남은 귤</u>은 몇 개입니까? 식: 1258-879 답: 379개	아버지는 희준이에게 용돈을 <u>5,500원</u> 주셨습니다. 희준이가 이 돈으로 색연필을 샀더니 <u>430원</u>이 <u>남았습니다</u>. 희준이가 산 색연필은 얼마일까요? 식: 5500-430 답: 5,070원	명수는 어제부터 돼지저금통에 저금을 하였습니다. 명수는 <u>오늘</u>도 돼지저금통에 <u>950원</u>을 저금했습니다. 그랬더니 돼지저금통 안에 돈이 <u>3,800원</u>이 되었습니다. <u>어제</u> 명수가 저금한 돈은 얼마일까요? 식: 3800-950 답: 2,850원
야구장에 입장한 사람은 <u>총 1,674명</u>이었습니다. 그중 <u>남자가 845명</u>이었다면 <u>여자</u>는 몇 명입니까? 식: 1674-845 답: 829명	운동회가 끝난 뒤 공책 <u>3,000권</u>을 한 사람에게 한 권씩 상품으로 <u>나누어 주고</u> <u>287권</u>이 남았습니다. 공책을 받은 학생은 몇 명입니까? 식: 3000-287 답: 2,713명	공연 입장권이 <u>6,400장</u> 있었는데 오늘까지 <u>789장</u>을 팔았습니다. <u>남은</u> 공연 입장권은 몇 장입니까? 식: 6400-789 답: 5,611장
지하철역에서 백화점까지의 거리는 <u>3,468m</u>이고 지하철역에서 시장까지의 거리는 <u>854m</u>입니다. 지하철역에서 시장까지의 거리와 지하철역에서 백화점까지의 <u>거리의 차</u>는 몇 m입니까? 식: 3468-854 답: 2,614m	현철이네 감나무에는 <u>2,350개</u>의 감이 달려 있습니다. 재형이네 감나무에는 <u>987개</u>의 감이 달려 있습니다. 재형이네 감나무는 현철이네 감나무에 <u>비해</u> 몇 개가 덜 달려 있나요? 식: 2350-987 답: 1,363개	나영이는 우표를 <u>1,056장</u>, 은희는 <u>827장</u>을 모았습니다. 은희가 몇 장을 <u>더 모아야</u> 나영이의 우표 수와 같아질까요? 식: 1056-827 답: 229장

제3장

도식화 전략

도식화 전략의 소개

도식기반 전략 교수란 문제 표상 훈련을 통해 문제에서 제시되는 관련 지식이나 의미론적 관계를 나타내는 영역의 특정적 지식 구성 요소를 찾아내고, 수적 정보, 문제 정보의 이해와 통합, 풀이 절차와 같은 절차적 지식을 습득하게 하여 문장식 문제의 효율적 해결을 돕는 교수법이다. 문장제 문제에서의 표상 훈련은 개별적인 문제의 특성을 하나씩 기억 속에서 추출해 내도록 하는 것이 아니라 여러 가지 문제 특성을 동시적으로 이끌어 내어 영역의 특정적인 예를 기억 속에서 쉽게 찾아낼 수 있도록 한다.

수학 문장제 문제를 해결하기 위해서는 도식적인 그림을 이용하여 연산을 결정하기에 앞서 문제 전체의 의미론적 관계를 파악하여야 한다. 문제 상황의 의미적 특징을 보여 주는 도식 안에서 나타나는 숫자를 선택하게 하여 덧셈을 할 것인지 뺄셈을 할 것인지를 결정할 수 있게 하는 것이다. 도식이론을 문장제 문제에 적용한 도식기반 교수가 문장제 문제해결에 유용한 것으로 밝혀졌으며, 국내에서도 도식을 활용한 표상 전략을 활용하여 수학 문장제 문제해결 교수가 수학 학습장애 및 학습부진 학생에게 효과적인 것으로 보고되었다(국미경, 곽행숙, 1999; 박애란, 김애화, 2010; 배정아, 박현숙, 2001; 서화자, 권명옥, 김춘미, 2004).

일반적으로 도식(schema)은 '내용을 어떤 형식에 따라 과학적으로 정리 또는 체계화하는 틀'이고 체계 내에 있는 의미를 유지하고 조작하는 지식 구조다. 도식기반 전략에서의 도식은 '공통의 구조를 공유하면서 유사한 문제해결 방법을 요구하는 일련의 문제를 설명할 때 사용 가능한 묘사 방법'이라고 정의할 수 있으며, 문제의 표상과 문제의 해결 방법 사이의 명확한 연결고리가 되는 역할을 한다고 할 수 있다(Gick & Holyoak, 1983). 개인에게 들어온 정보는 각자 개인직인 정험에 따라 설정되어 개인의 도식에 의해 정리되고, 이 도식이 어떻게 조직되어 있고 저장되는가에 따라 후에 정보가 인출될 수 있으며 다른 의미를 구성하는 데 사용된다. 이에 Marshall(1995)은, 도식은 대부분의 구조적 표상이 서로 관련된 요소로 구성되며 관련 요소는 기억 속에서 함께 저장되어, 하나의 정보가 인식되면 다른 관련된 정보도 활성화된다고 가정하였다. 따라서 관련 요소들 간의 효율적인 결집이 탐색시간이나 인출시간을 줄여 문장제 문제해결력을 증진시킬 수 있다고 예상할 수 있다.

여러 선행 연구(김영표, 2008; 유재연, 박원희, 이동원, 2004)를 살펴보면, 학습장애 아동은 기억 속에 내재된 정보를 잘 인출하지 못하기 때문에 문장제 문제해결에 어려움을 겪고 있다. 이들은 주어진 문제를 수학적으로 해결하는 데 필요한 표상(representation) 능력이 부족한데, 문장제 문제를 해결하는 데 필요한 수학적 지식과 문제해결 전략을 알고 있음에도 문제를 표상적으로 나타내지 못하여 문제 상황을 해결하지 못한다. 이럴 경우, 도식이나 그림 그리기, 차트나 표 만들기 등으로 문제의 두드러진 특징을 제시하여 아동을 지도하는 방법을 포함하는 표상 학습 전략이 수학 학습에 어려움을 가진 학생의 문제해결 성취도를 높이는 데 효과적일 수 있다. 김영표(2008)에 따르면, 수학 문장제 문제를 해결하는 데 어려움을 겪는 학생에 대한 수학 문장제 해결력 교수 방법으로 국내에서는 자기교수 훈련, 인지-초인지 교수, 그리고 표상기법 또는 문제해결력 교수 방법이 사용되었으며, 이들 모두 수학 문장제 문제해결력 향상에 효과적인 교수 방법임을 밝힌 바 있다. 특히 이 중에서도 문장제 문제의 정보를 시각화함으로써 식 세우는 것을 돕는 도식을 활용한 표상 전략이 효과적인 것으로 많은 연구(Jitendra & Hoff, 1996; Jitendra et al., 2002; Xin et al., 2005)를 통해 검증되고 있다.

도식이론을 바탕으로 하는 교수이론에 따르면 문장제 문제해결을 위한 교수 요소의 핵심은 특징적 부분의 효율적 결집을 통해 문제의 유사성을 도식을 통해 인식시켜 주는 것이다. 도식기반 교수의 목표는 문제도식에 대한 완벽한 정신적 표상을 만들어 내고 그 문제해결을 위해 필요한 정보의 부호화 및 인출을 촉진하는 데 있다. 도식기반 전략에서는 사용된 선행 조직자가 새로운 정보를 위한 구조를 제공하고, 그 새로운 정보를 학생이 이미 갖고 있는 정보와 연결시키는 데 초점을 둔다. 김억곤과 최경숙(2008)은 도식기반 교수는 문제해결력이 떨어지는 아동에게 특히 효과가 있다는 것을 연구를 통해 발견하였으며, 도식은 문제의 관계적 진술을 쉽게 수식으로 전환하는 데 도움을 줄 수 있다고 하였다.

또한 수학 문장제 문제해결력 문제는 요구되는 연산이나 의미론적 구조의 조작, 그리고 미지수 위치에 따라 난이도가 다르고, 의미론적 구조에서 부각되는 연산과 실제 풀이에 필요한 연산이 서로 달라 학습자가 각 상황에 맞는 관련 지식이나 문제 형태를 분류해 내지 못하여 문제해결에 어려움을 겪는다. 수학 문장제 문제해결능력을 향상시키고 향상된 기능을 일반화하기 위해서는 구조적으로 유사한 문제를 풀어 보는 것이 도움이 되며, 이러한 접근은 문장제 문제해결 수행을 위한 중요한 기술인 도식적 지식을 향상시킨다. 즉, 도식기반 중재는 각각의 문제 유형 구조의 공통점을 찾아 유사한 해결 방법을 알아내고 문제를 유형별로 나누어 명시적으로 가르칠 수 있다.

참고문헌

국미경, 곽행숙(1999). 문장제 수학문제 해결력 향상을 위한 표상학습 전략의 효과. 정서·행동장애연구, 15(1), 77-92.

김억곤, 최경숙(2008). 작업기억과 수학 학습 수행과의 관계. 한국심리학회지 발달, 21(1), 15-30.

김영표(2008). 수학 문장제 문제해결력 중재 효과 메타분석. 한국특수교육학회 학술대회자료집, 259-281.

박애란, 김애화(2010). 도식화 전략 교수가 수학 학습부진 학생의 곱셈과 나눗셈의 문장제 문제해결에 미치는 효과. 학습장애연구, 7(3), 105-122.

배정아, 박현숙(2001). 도식기반 인지-초인지 전략 교수를 통한 수학 문장제 문제 수행 효과 연구. 특수교육학연구, 36(2), 1-20.

서화자, 권명옥, 김춘미(2004). 표상학습 전략 훈련이 수학 학습부진아의 문장제 문제해결력 향상에 미치는 효과. 정서·행동장애연구, 20(4), 353-376.

유재연, 박원희, 이동원(2004). 수학 학습부진 아동의 문장제 문제해결과정에 관한 연구. 특수교육학연구, 39(2), 105-122.

Gick, M., & Holyoak, K. (1983). Schema induction and analogical transfer. *Cognitive Psychology, 15*(1), 1-38.

Jitendra, A., & Hoff, K. (1996). The Effects of Schema-Based Instruction on the Mathematical Word-Problem-Solving Performance of Students with Learning Disabilities, *The Journal of Learning Disabilities, 29*(4), 422-431.

Jitendra, A., DiPipi, C. M., & Perron-Jones, N. (2002). An exploratory study of schema-based word-problem-solving instruction for middle school students with learning disabilities: An emphasis on conceptual and procedural understanding. *The Journal of Special Education, 36*(1), 23−38.

Xin, Y., Jitendra, A., & Deatline-Buchman, A. (2005). Effects of Mathematical Word Problem−Solving Instruction on Middle School Students with Learning Problems. *The Journal of Special Education, 39*(3), 181−192.

도식화 전략의 효과성

1

학습장애 학생의 수학 문장제 해결 기술에 대한 도식기반 중재의 효과[6]

1) 연구 방법

본 연구는 수학 문장제 문제를 읽고 이해할 만큼의 읽기 능력을 가진 학습장애 학생 중 개별화 교육 프로그램에서 수학 영역에 대해 성취 목표를 갖고 있는 중학교 1~2학년 학생의 수학 문장제 문제해결능력에 대한 도식기반 중재의 효과를 조사하는 것이 목적이다.

(1) 연구 대상

본 연구는 미국 중남부에 위치한 공립학교에서 중도탈락 방지 전문가(drop-out prevention specialist)와 특수교사의 도움으로 연구 대상 기준에 적합한 학습장애 학생을 1차로 선발하였다. 연구 대상 선발 기준은 ① 학생이 해당 주와 교육청의 기준에 따른 학습장애 진단을 받고, ② 개별화 교육 프로그램에서 수학 영역에 목표를 가지고 있으며, ③ 학습장애로 발생한 수학 영역에서의 어려움 때문에 학습 도움실에 배치되었고, ④ 2008년 봄에 실시한 주 학력고사에서 수학과목을 통과하지 못하였으며, ⑤ 난이도가 수정된 교내 국어시험에서 70점 이상으로 혼자서 읽기가 가능하고, ⑥ 수학 문장제 선발검사에서 50% 이하의 점수를 획득하였다.

---

6) 나경은(2010). 학습장애 학생의 수학 문장제 해결 기술에 대한 도식기반 중재의 효과. 학습장애연구, 7(1), 135-156.

(2) 연구 도구

① 본 연구에서는 Marshall(1995)의 분류에 따라, 곱하기와 나누기에 관한 문제 유형인 재진술형 문제, 즉 곱셈비교형(multiplicative compare, MC)과 변이형 문제가 사용되었다. 다섯 가지 유형의 시험이 선별검사, 기초선, 중재 후, 유지, 일반화 검사를 위해 사용되었다. 시험은 10개의 문항으로 이루어졌으며 각각 6개의 곱셈비교형 문제와 4개의 변이형 문제가 포함되었다. 그 내용은 다음의 〈표 3-1〉과 같다.

〈표 3-1〉 곱셈 비교형과 변이형 문제의 하위 유형에 따른 시험지 구성

유형		예시	문제 개수
곱셈 비교형	피제수 미지형	가영이와 예준이는 수학시험을 치렀다. 가영이는 예준이가 얻은 점수의 2/3를 받았다. 가영이가 60점을 받았다면 예준이의 점수는 몇 점이겠는가?	2
	제수 미지형	준서네 반과 명진이네 반이 농구시합을 하였다. 명진이네 반은 준서네 반의 4/5의 점수를 획득하였다. 명진이네 반이 16점을 획득했다면 준서네 반은 몇 점이겠는가?	2
	몫의 값 미지형	희진이와 예슬이는 만화책을 좋아한다. 희진이는 지난주에 만화책 14권을 읽었고, 예슬이는 7권을 읽었다. 희진이는 예슬이보다 몇 배 많은 만화책을 읽었는가?	2
변이형	단위 값 미지형	민영이네 반에는 9대의 컴퓨터가 있는데 학생수는 모두 27명이다. 컴퓨터 1대당 몇 명의 학생이 사용할 수 있는가?	2
	배수 값 미지형	수민이가 아몬드 쿠키를 만들고 있다. 60개의 아몬드 쿠키를 만들기 위해서는 8개의 계란이 필요하다. 아몬드 쿠키 15개를 만들기 위해서는 계란이 몇 개 필요한가?	2

② 전략 만족도 검사

전략 만족도 검사는 본 연구에 참여한 학생들의 만족도를 검사하기 위한 것으로서, Jitendra 등(1999)에서 사용된 검사지를 수정하여 사용하였다. 검사지는 리커트식 5점 척도로 제작하였으며, 1. 중재가 흥미로운지, 2. 전략이 문장제 해결에 도움이 되었는지, 3. 문장제 해결 기술이 향상되었는지, 4. 자신이 배운 전략을 친구들에게도

권할 것인지, 5. 계속해서 사용할 것인지 등의 항목으로 이루어져 있다.

2) 실험 설계

본 연구에서 독립변인은 도식기반 전략 중재이고 종속변수는 수학 문장제 문제해결 점수와 전략 만족도 검사다. 본 연구를 수행하기 위해서 비동시적 중다기초선설계(nonconcurrent multiple baseline design)를 사용하였다. 약 13주 동안 4명의 학습장애 중학생이 사전 실험 세션(소개, 선별검사, 수학흥미도 검사)과 실험 세션(기초선, 중재, 중재 후 검사, 일반화 유지국면, 전략 만족도 검사)에 참여했으며 이들은 무작위로 미리 계획된 자료계열에 할당되었다.

3) 연구 절차

(1) 소개 및 선별검사

연구 기준에 부합하는 참가자는 본 연구의 일정 및 계획을 소개한 후, 10문항으로 구성된 검사를 실시하였다. 시험 중에 연습지와 계산기가 제공되며 다른 설명은 제공되지 않았다. 선별시험에서 50% 이하의 점수를 받은 학생들이 최종적으로 연구에 참여하였다.

(2) 수학흥미도 검사

연구자는 수학흥미도 검사(Mathematics Students Interest Inventory; Allsopp et al., 2008)를 이용해 일반화 검사를 위한 검사지를 제작하였다. 수학흥미도 검사지를 사용하여 연구에 참여한 개별 학생의 관심사가 무엇인지, 취미가 무엇인지, 배우고 싶은 것이 무엇인지, 친구들과 함께하고 싶은 것이 무엇인지, 가족과 함께하는 취미생활은 무엇인지 등을 알아보았고, 여기에서 알게 된 학생에 대한 정보를 문장제 문제에 적용하였다.

(3) 기초선 단계

도식기반 전략을 가르치지 않고 수학 문장제 문제 10문항을 하루에 1회씩 평가한 다음 그 점수를 백분율로 환산하여 그래프로 나타냈다. 연구에 참여한 학생에게는 주어진 문항을 가능한 한 모두 풀어 볼 수 있도록 검사 회기당 30분의 시간이 주어졌으며 연습지와 계산기가 제공되었다. 피드백은 학생이 질문을 하는 경우에 한해서만 제공되었으며, 한 학생은 미리 계획된 기초선 기간에 6회의 검사 회기를 가졌다. 기초선 단계에서 일반화 검사가 함께 실시되었다.

(4) 중재 단계

중재는 곱셈비교형과 변이형 문제에 따라 각각 문제도식 교수와 문제해결 교수의 두 단계로 〈표 3-2〉와 같이 실시되었다. 중재의 12회기는 Jitendra(2007)의 교안을 사용하였다. 본 연구의 참여자는 6회의 문제도식 교수와 6회의 문제해결 교수, 총 12회의 중재 세션에 참여하였다. 매 세션은 각각 30~40분 동안 지속되었고, 중재는 1주일에 3~4회 이루어졌으며, 중재 단계 중 검사는 실시되지 않았다.

〈표 3-2〉 도식기반 전략을 이용한 문제해결 단계(FOPS)

교수단계	문제도식	문제해결	활동
1단계	문제 유형 찾기 (Find problem type)	문제 유형 찾기	문제를 읽고 자기말로 표현해 본다. 문제의 유형을 찾는다. * 곱셈비교형 문제이면 비교문장에서 배수관계나 부분관계를 나타내는 말, 즉 '몇 배, 몇 분의 몇' 등의 표현이 있는지 찾는다. * 변이형 문제이면 비교문장에서 두 쌍의 관계를 나타내는 말, 즉 '~이면 ~이다' 등의 표현이 있는지 찾는다.
2단계			문제에서 찾아낸 정보를 다이어그램에 옮겨 쓴다. * 곱셈비교형 문제이면 1) 비교문장을 찾아 밑줄 긋고, 비교되는 두 가지를 찾아 동그라미한 후 다이어그램에 쓴다.

		문제의 정보를 다이어그램에 조직화하기 (Organize information in problem using diagram)	문제의 정보를 다이어그램에 조직화하기	2) 비교, 대상, 실수 함수를 찾아 밑줄 긋고, 다이어그램에 쓴다. * 변이형 문제이면 1) 비율을 형성하는 두 가지 요소를 찾아 밑줄을 긋고, 다이어그램에 쓴다. 2) 두 쌍의 비율을 나타내는 수에 동그라미하고 그 숫자와 명칭을 다이어그램에 쓴다. 풀어야 할 것에 '?'를 쓴다(문제해결 단계에서만).
3단계	n/a	문제해결 계획하기 (Plan to solve problem)		다이어그램에 있는 정보를 수학식으로 바꾼다.
4단계	n/a	문제해결하기 (Solve problem)		수학식을 푼다. 완전한 답을 쓴다. 답이 맞았는지 확인한다.

주: N/a=해당 없음.

먼저, 곱셈비교형의 문제도식 교수에서 미지의 정보가 없는 하나의 이야기 상황에서 무엇이 제수와 피제수에 해당하는 정보인지, 또 무엇이 몫에 해당하는 정보인지 파악하기 위해 [그림 3-1]의 도식을 사용했으며, 이 단계에서 문제의 유형을 찾고 문제 속의 정보를 주어진 도식에 조직화해 보았다. 구체적으로 학생들에게 사용된 전략은 첫째, 이야기 속에서 관계를 이루는 문장을 찾아내고 이에 밑줄을 긋는다. 둘째, 제수, 피제수, 몫이 무엇인지 찾고, 관련한 정보를 도식을 사용해서 구조화한다.

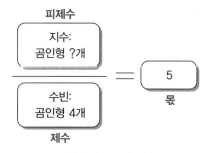

[그림 3-1] 곱셈비교형 문장제 문제에 사용된 도식

출처: Jitendra, 2007, 곱셈비교형 2장

　곱셈비교형의 문제해결 교수에서는 문제도식 교수와는 달리 미지의 정보를 포함하는 이야기 상황을 사용하여 무엇이 제수와 피제수에 해당하는 정보인지, 또 무엇이 몫에 해당하는 정보인지 [그림 3-1]의 도식을 사용하여 파악하도록 하되, 미지의 정보에 대해서는 물음표로 기입하도록 하였다. 이때 사용된 전략은, 첫째, 문제 속에서 관계를 이루는 문장을 찾아내고 이에 밑줄을 긋는다. 둘째, 제수, 피제수, 몫이 무엇인지 찾고, 관련한 정보를 도식을 사용해서 구조화하며 미지의 정보는 물음표로 나타낸다. 셋째, 미지의 정보를 찾아내기 위해 도식에 구조화한 정보를 수학문장으로 만들고 이를 푼다. 넷째, 정답을 찾아 쓰고, 검산한다.

　변이형 문제의 문제도식 교수에서는 미지의 정보가 없는 하나의 이야기 상황에서 비율을 이루는 두 가지 대상을 찾고, 그에 해당하는 수치가 무엇인지 파악하기 위해 [그림 3-2]의 도식을 사용했으며, 이 단계에서 문제의 유형을 찾고 문제 속의 정보를 주어진 도식에 조직화해 보았다. 구체적으로 학생들에게 사용된 전략은 다음의 두 가지였다. 첫째, 이야기 상황에서 비율을 이루는 대상을 찾아 밑줄을 긋는다. 둘째, 비율을 이루는 대상과 그에 상응하는 수치를 찾아, 관련한 정보를 도식을 사용해서 구조화한다.

변이형 문제의 예

아몬드 쿠키 60개를 만들기 위해서는 계란이 8개 필요하다.
만약 계란이 2개 있다면 아몬드 쿠키를 몇 개 만들 수 있을까?

[그림 3-2] 변이형 문장제 문제에 사용된 도식

출처: Jitendra, 2007, 변이형 7장

　변이형 문제해결 교수에서는 문제도식 교수와는 달리 미지의 정보를 포함하는 이야기 상황을 사용하여 비율을 이루는 대상이 무엇인지 또 그에 해당하는 정보를 찾아 [그림 3-2]의 도식을 사용하여 파악하도록 하되, 미지의 정보에 대해서는 물음표로 기입하도록 하였다. 이때 사용된 전략은 다음의 네 가지였다. 문제 속에서 비율을 이루는 두 가지 대상을 찾고 이에 밑줄을 긋는다. 둘째, 비율을 이루는 두 가지 대상과 그에 상응하는 정보를 도식을 사용해서 구조화하고 미지의 정보는 물음표로 나타낸다. 셋째, 미지의 정보를 찾아내기 위해 도식에 구조화한 정보를 수학문장으로 만들고 이를 푼다. 넷째, 정답을 찾아 쓰고 검산한다.

(5) 중재 후 단계

중재 단계 후, 3회의 성취검사와 3회의 일반화 검사를 실시하였다. 검사지의 구성과 실시 방법은 기초선 단계에서 실시된 검사 방법과 같았다.

(6) 유지 단계

도식기반 전략 중재를 통해 얻어진 학생들의 문제해결능력이 유지되었는지 알아보기 위해, 중재를 마치고 난 2주 후 2회의 성취검사와 2회의 일반화 검사를 실시하였다. 학생들이 중재 시 사용했던 전략을 기억해 내는 데 도움을 주기 위해, 첫 번째 유지검사 바로 전에 중재 단계에서 사용되었던 전략이 적힌 포스터를 약 1~2분간 제공하고 그 외에는 아무것도 제공하지 않았다.

(7) 전략 만족도 검사

전략 만족도 검사는 4회에 걸친 유지검사 후, 연구에 참여한 학생을 대상으로 약 15분간 실시되었다. 이 외의 사항에 대해서는 개방형 문항을 통해 의견을 기록하도록 하였다.

4) 연구 결과

(1) 수학 문장제 해결능력

[그림 3-3]을 보면, 기초선 단계에 각 학생은 성취검사에서 평균 15%의 낮은 점수를 유지했으나 중재 후 단계에서 모든 학생이 평균 86%, 각각의 개별 점수는 70% 이상의 높은 성취를 보였다. 성취검사에 대한 개별 학생의 평균 백분율 점수는 [그림 3-4]

에 나타나 있다. 이 결과로 학생들은 도식기반 전략 중재를 통해 수학 문장제 문제해결능력이 향상되었다고 볼 수 있다.

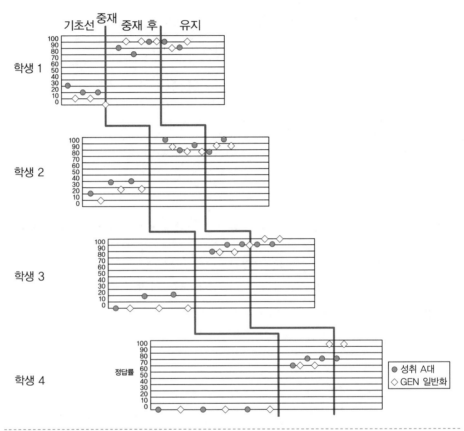

[그림 3-3] 학생 1, 2, 3, 4의 수학 문장제 해결 점수의 변화

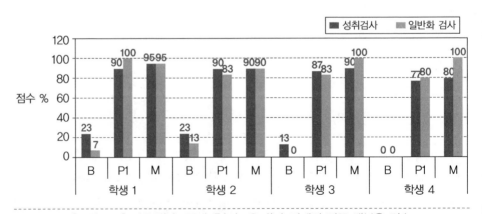

[그림 3-4] 기초선(B), 중재 후(PI), 유지(M) 단계의 평균 백분율 점수

(2) 수학 문장제 해결능력의 일반화

[그림 3-4]에서 보듯이, 일반화 검사에 대한 학생의 백분율 점수는 기초선 단계에서 학생 1은 7%, 학생 2는 13%, 학생 3과 4는 0%로 4명의 학생 모두 안정적으로 낮은 점수를 나타냈다. 하지만 중재 후 단계에서는 각각 100%, 83%, 83%, 80%의 정답률을 보여 주었으며, 개별 점수가 모두 70%를 넘는 높은 점수를 기록하였다. 이러한 결과를 토대로 학생들은 도식기반 전략 중재를 통해 얻은 수학 문장제 문제해결능력을 각자의 흥미를 반영하는 문제 상황에도 일반화하였다고 볼 수 있다.

(3) 수학 문장제 해결능력의 유지

학기말 고사 때문에 학생 4는 유지검사를 마치지 못하고 학생 4를 제외한 나머지 학생들만 마쳤다. [그림 3-3]에서 보듯이, 유지 단계에서 실시된 2회의 성취검사와 일반화 검사에서 학생들은 성취도 검사 평균 89%, 일반화 검사 평균 96%의 높은 점수를 보였다. 이러한 결과를 토대로 학생들은 도식기반 전략 중재를 통해 얻은 수학 문장제 문제해결능력을 매우 잘 유지했다고 볼 수 있다.

(4) 도식기반 전략 중재의 만족도

도식기반 전략 중재가 재미있었는지(평균 4.3, 범위 4~5), 전략이 수학 문장제 문제해결에 도움이 되었는지(평균 5), 수학 문장제 문제해결 기술이 향상되었는지(평균 4.8, 범위 4~5), 자신의 동료들에게 이 전략을 추천할 것인지(평균 4.8, 범위 4~5), 계속해서 이 전략을 사용할 것인지(평균 4.8, 범위 4~5), 도식기반 중재의 과정에 대해 전반적으로 만족하는지(평균 4.5, 범위 4~5) 등에 관한 설문 결과를 통해 연구에 참여한 학생들이 도식기반 전략 중재가 효과적이었다고, 또한 이용할 만하다고 평가하고 있음을 알 수 있다. 이 결과에 따라 도식기반 전략 중재의 전반적인 과정을 만족해한나고 할 수 있다.

참고문헌

Allsopp, D. H., Kyger, M. M., Loving, L., Gerretson, H., Carson, K. L., & Ray, S. (2008). Mathematics dynamic assessment: Informal assessment that responds to the needs of struggling learners in mathematics. *Teaching Exceptional Children, 40* (3), 6-16.

Jitendra, A. K. (2007). *Solving math word problem: Teaching students with learning disabilities using schema-based instruction.* Austin, TX: PRO-ED.

Jitendra, A. K., Griffin, C. C., & Beck, M. (1999). Teaching middle school students with learning disabilities to solve word-problems using a schema-based approach. *Remedial and Special Education, 20,* 50-64.

Marshall, S. P. (1995). *Schemas in problem solving.* New York: Cambridge University Press.

2

도식을 활용한 표상 전략이 수학 학습부진 학생의 곱셈과 나눗셈 문장제 문제해결능력에 미치는 효과[7]

1) 연구 방법

(1) 연구 대상

인천광역시의 한 초등학교 4학년에 재학 중인 3명(남학생 1명, 여학생 2명)의 수학 학습부진 학생을 대상으로 하였다. 먼저, 일반학급 담임교사가 곱셈과 나눗셈 연산 능력과 읽기 능력은 정상 범위에 속하지만 문장제 문제에서 낮은 성취를 보이는 학생 을 추천하였고, 이들을 대상으로 K-WISC Ⅲ 검사를 실시하여 지능지수가 70 이상 인 학생을 1차 선발하였다. '수학 2-가~3-가'의 곱셈과 나눗셈 연산문제와 문장제 문제를 선별·수정한 검사를 실시하여 곱셈과 나눗셈 연산은 가능하지만 문장제 문 제에 어려움을 보이는 학생을 2차 선발하였다. 끝으로 국가 수준 기초학력진단평가 읽기 검사 결과가 미달 수준이 아니며 KISE BATT 읽기 검사 결과가 25백분위 이상인 학생을 선발하여 최종 3명이 연구 대상자로 선정되었다.

(2) 검사 도구

도식을 활용한 표상 전략이 문장제 문제해결력에 미치는 효과를 알아보기 위해 진 전도 평가지와 형성 평가지를 개발하여 실시하였다. 본 연구의 평가지는 선행 문헌 (최선아, 2006; Jitendra et al., 1998, 2002)과 현행 교육과정(수학교과서, 수학 익힘책, 수학 문제집 2-가~3-나) 분석을 통해 개발되었다. 분석 결과, 표상 유형으로 배수형(vary) 과 배수비교형(multiplicative comparison)을 포함하였고, 내용 영역은 연산(자연수, 분 수), 도형(평면도형), 측정(시간, 길이, 늘이)을 포함하였다. 또한 2단계 문제해결력을 측정하기 위해 배수형+배수형, 배수형+배수비교형, 배수비교형+배수비교형 문 제를 포함하였다. 이를 통해 〈표 3-3〉과 같이 총 10가지 문제 유형을 포함한 검사지

---

7) 박애란, 김애화(2010). 도식을 활용한 표상 전략이 수학 학습부진 학생의 곱셈과 나눗셈 문장제 문제 해결능력에 미치는 효과. 학습장애연구, 7(3), 105-122.

를 개발하였으며, 이는 도식을 활용한 표상 전략의 10단계 절차에도 반영되었다.

① 기초선 및 진전도 평가

사전 기초선의 분석된 결과를 토대로 대상 학생의 중재 목표와 수준을 결정한 후, 기초선 수집 및 중재 수행 진전도, 유지검사를 위한 평가문항을 개발하였다. 진전도 평가지는 10단계 교수 목표를 골고루 반영한 20문항의 동형검사로 구성하였다.

② 단계별 형성평가

각 단계의 교수 목표를 얼마나 달성하였는지 측정하기 위해 단계별 형성 평가지를 개발하였다. 형성 평가지는 각 교수 목표 내용을 측정하는 8문항으로 구성하였다. 회기별 형성평가(8문항) 실시 결과, 성취준거인 75% 이상의 성취율을 3회 연속 나타내면 다음 단계를 진행하였다.

〈표 3-3〉 진전도 평가지 내용 요소 및 대상 학생별 교수 목표

단계	곱셈과 나눗셈의 유형별 내용 요소	문항수 (문항번호)	대상 학생별 교수 목표		
			A	B	C
1	자연수(vary)	2(1, 2)	−	√	−
2	자연수(mc)	2(3, 4)	√	−	√
3	분수(mc)	2(5, 6)	√	√	√
4	평면도형(vary, mc)	2(7, 8)	−	−	√
5	측정−시간(vary)	2(9, 10)	−	−	−
6	측정−길이(vary, mc)	2(11, 12)	√	√	√
7	측정−들이(vary, mc)	2(13, 14)	√	√	√
8	다단계(vary, mc)	2(15, 16)	√	√	√
9	다단계(vary, mc)	2(17, 18)	√	√	√
10	다단계(vary, mc)	2(19, 20)	√	√	√
		총 20문항	7단계	7단계	8단계

(−은 학생이 할 수 있는 단계)

2) 연구 절차

(1) 실험 도구 및 자료

본 연구는 도식을 활용한 표상 전략을 이용하여 수학 학습부진 학생의 곱셈과 나눗셈 문장제 문제해결을 지도하고자 하였다. 이를 위해 Jitendra와 동료들(2002)의 도식을 활용한 표상 전략을 김애화(2004)가 수정한 4단계 문장제 문제해결 절차를 사용하되, 초등학생이 쉽게 이해하도록 다음과 같이 수정하여 적용하였다. 첫째, [그림 3-5]와 같이 학생들이 도식을 쉽게 구별할 수 있도록 배수형은 '나란히형'으로 배수비교형은 '만세형'이라는 용어를 사용하였다. 둘째, [그림 3-6]과 같이 문장제 문제해결 절차를 초등학생이 쉽게 이해하고 적용할 수 있도록 '단짝친구'라는 용어를 사용하였다.

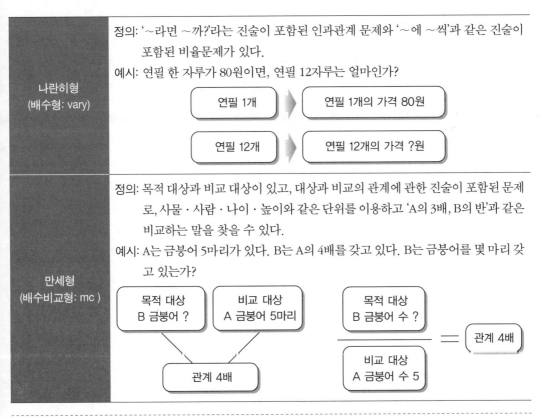

[그림 3-5] 나란히형과 만세형

문제 예시	• 동화책 1권은 42쪽으로 되어 있습니다. • 동화책 3권은 모두 몇 쪽인지 알아보시오.

	단짝친구	예시
단	단서를 주는 단어에 밑줄, 숫자에 동그라미하기	• 큰 소리로 문제를 읽고, 이야기에서 알고 있는 것을 찾아 말해 보기 　동화책 1권이 42쪽이라면, 3권은 모두 몇 쪽? • 단서를 주는 단어에 밑줄, 숫자에 동그라미 　<u>동화책 1권</u>은 <u>42쪽</u>으로 되어 있습니다. 　<u>동화책 ③권</u>은 <u>모두 몇 쪽</u>인지 알아보시오.
짝	문제 유형을 파악하고 도식과 짝 맞추기	• '~라면 ~까?'와 같은 인과(비율)관계로 진술되어 있는가? • 이 문장에서 관계를 이루는 두 대상은 무엇인가? 　동화책 1권과 쪽수 • 도식에 정보를 입력하고 모르는 정보에는 ? 입력(나란히형) 　동화책 1권 ⟶ 42쪽 　동화책 3권 ⟶ ?쪽
친	곱셈과 나눗셈 중 어느 것과 친한지 찾기	• 곱셈
구	식을 세우고 답을 구하기	• 나란히형 그림값을 보고 식 세우며 연산하기 　$3 \times 42 = 126$ • 답이 맞나 체크하고 답 쓰기 　동화책 3권은 126쪽

[그림 3-5] 나란히형과 만세형

(2) 실험 처치

본 연구는 사전 기초선, 기초선, 중재, 유지 단계로 나누어 실시되었다. 기초선 중재, 유지 회기는 대상 학생이 다니는 학교의 4학년 학급 담당 연구자가 실시하였다.

① 사전 기초선

대상 학생의 문장제 문제해결 수준을 알아보고, 이를 토대로 교수 목표를 수립하기 위해 사전 기초선을 실시하였다.

② 기초선

본 연구는 대상자 간 중다간헐기초선설계를 사용하였다. 첫째, 3명의 대상 모두에게 최초의 기초선 자료를 수집하였다. 둘째, 학생 A의 기초선 자료를 3회기 연속적으로 수집하고, 기초선 회기의 점수가 안정되었을 때 학생 A에게 중재를 실시하였다. 형성평가 결과, 학생 A가 각 단계의 목표를 3회 이상 75% 이상 달성하였을 때, 다음 단계의 중재를 진행하였다. 셋째, 학생 A에게 중재를 실시하였을 때 학생 B, C에 대한 기초선 자료를 수집하였다. 넷째, 학생 A의 진전도 평가 점수가 최초로 기초선 평균에서 50% 이상 향상되었을 때, 학생 B에 대한 기초선 자료를 수집하였다. 학생 A의 총괄평가 점수가 기초선 평균 향상에 3번 이상 달성되었을 때, 학생 B의 중재를 시작하였으며 이때 학생 B가 연속적으로 3회기 안정적인 기초선을 보였는지 확인하였다. 동일한 절차가 학생 C에게도 적용되었다. 그 결과 학생 A는 4회기, 학생 B는 5회기, 학생 C는 6회기로 기초선 평가가 실시되었다.

③ 중재

중재는 연구자가 학생 A 23회기, 학생 B 21회기, 학생 C 24회기 실시하였다. 주 3~4회, 매 회기 40분씩 도식을 활용한 표상 전략이 중재 프로그램으로 실시되었다.

④ 유지

중재의 효과가 교수가 종료된 후에도 유지되는지 알아보기 위해 유지 평가를 실시하였다. 유지 평가는 중재가 종료된 지 2주일 후부터 1주일 단위로 3주에 걸쳐 세 학생에게 동일하게 3번 실시되었다. 유지 단계는 기초선과 동일한 조건으로 실시되었다.

3) 연구 결과

　문장제 문제해결력의 변화는 진전도 평가 결과를 백분율(정답률)로 환산하여 나타냈다. 〈표 3-4〉는 대상 학생의 기초선-중재-유지 단계에 측정한 문제해결력의 평균과 PND를 나타낸 것이다.

〈표 3-4〉 기초선, 중재, 유지 단계의 문장제 문제해결력의 평균

		학생 A	학생 B	학생 C
기초선 횟수(평균 정답률 %)		4회기(30)	5회기(26)	6회기(25.8)
중재 횟수		23회기	21회기	24회기
유지 횟수(평균 정답률 %)		3회기(78.3)	3회기(66.7)	3회기(75)
중재 단계별 (평균 %)	1	–	41	–
	2	45	–	32
	3	54	47	42
	4	–	–	52
	5	–	–	–
	6	62	57	57
	7	75	62	58
	8	77	68	65
	9	82	72	70
	10	88	77	72
PND		96%	100%	88%

〈표 3-4〉와 같이 기초선 단계에서는 모든 학생의 평균 정답률이 25~30% 정도로 상당히 낮았다. 그러나 도식을 활용한 표상 전략이 시작되자 모든 학생이 점차적으로 향상을 보였다. 학생 A의 경우 7단계 중 첫 번째 단계 중재 동안 평균 45%의 정답률을 보였으며 점차적으로 향상을 보이다가 마지막 단계에서는 평균 88%의 정답률을 보였다. 학생 B의 경우 7단계 중 첫 번째 단계 중재 동안 평균 41%의 정답률을 보였으며 점차적으로 향상을 보이다가 마지막 단계에서는 평균 77%의 정답률을 보였다. 학생 C의 경우 8단계 중 첫 번째 단계 중재 동안 평균 32%의 정답률을 보였으며 점차적으로 향상을 보이다가 마지막 단계에서는 평균 72%의 정답률을 보였다. PND는 88~100%로 높게 나타났다.

유지 단계에서 세 아동 모두 상당히 높은 정답률을 보였다. 학생 A와 B는 마지막 정답률에 비해 다소 떨어지기는 했지만 기초선과 비교했을 때 상당히 높은 정답률을 보였다. 학생 C는 평균 정답률 75%로 중재 마지막 단계의 정답률보다 더 높았다.

4) 함의

도식을 활용한 표상 전략은 수학 학습부진 학생의 곱셈과 나눗셈 문장제 문제해결력 향상에 효과가 있었다. 특히 1단계뿐 아니라 2단계 문제해결력 향상에 상당한 효과가 있었다. 또한 이 전략을 교사 시범, 안내된 연습, 독립 연습의 3단계로 실시한 결과 수학 학습부진 학생의 곱셈과 나눗셈 문장제 문제해결력 향상에 효과적이었다. 다양한 예를 통한 교사의 명확한 시범, 충분한 연습, 교사의 빈번한 질문으로 수학 학습부진 학생의 단짝친구 전략 습득 및 적용에 도움이 된 것으로 보인다. 대상 학생의 수학 문장제 문제해결에 대한 긍정적 태도 및 동기 향상에도 이 전략은 효과적이었다. 대상 학생 3명은 중재 전 수학에 자신감이 부족하고 흥미도가 낮은 모습을 보였고, 이로 인하여 기초선 및 중재 초반 평가 시 문제해결을 시도하는 분항수가 적은 편이었으나 중재가 시작된 후 점차 문제해결을 시도하는 문항수가 증가하였다.

그러나 이러한 결과를 일반화하는 데 몇 가지 제한점이 있다. 먼저, 이 연구는 단일대상 연구로 집단 연구에 비해 외적 타당도가 부족하며 B학생의 기초선이 안정되지 않은 상태에서 중재가 이루어졌다는 점이 문제가 될 수 있다. 또한 진전도 평가지의 체계적인 신뢰도 및 난이도 검증을 실시하지 못했으며 '나란히형'과 '만세형' 전략 교수의 차이를 비교할 수 없었다. 마지막으로 본 연구에서는 일대일 교수 방법을 사용하였기 때문에 학급 단위로 실시될 때의 교수 효과성은 확신할 수 없다. 따라서 학급 단위 교수 효과성을 연구하는 집단 연구가 실시되어야 할 것이다.

참고문헌

김애화(2004). 학습장애 학생을 위한 효과적인 수학지도. 미간행 강의록. 단국대학교.
최선아(2006). 수학 학습부진 학생의 문장제 문제 수행 오류 유형 분석. 단국대학교 대학원 석사학위논문.

Jitendra, A. K., DiPipi, C. D., & Jones, N. P. (2002). An exploratory study of schema-based word problem-solving instruction for middle school students with learning disabilities: An emphasis on conceptual understanding. *Journal of Special Education, 36*(1), 23–38.

Jitendra, A. K., Griffin, C. C., McGoey, K., Gardill, M. C., Bhat, P., & Riley, T. (1998). Effects of mathematical word problem solving by students at risk or with mild disabilities. *Journal of Educational Research, 91*(6), 345–355.

도식화 전략의 예시

3

도식화 전략 수업 지도안[8]

단원(제재)	3. 자연수 곱셈		대상 학년	3학년
본시 주제	자연수의 곱셈			
차시	○/9	활용 전략	도식화 전략	
교수-학습 목표	– 문장제 문제에서 도식화 전략을 사용하여 자연수 두 자리 수와 한 자리 수 곱셈의 원리를 알 수 있다.			

단계	학습 요소	교수–학습 활동	시간	자료(◎) 및 유의점(※)

문제 확인	학습 분위기 조성	❖ **학습 분위기 조성하기**
		▷ 선생님과 공손하게 인사 나누기
		 • 오늘도 열심히 잘합시다.
		  – 열심히 하겠습니다.
		
		▷ 수학노래 부르며 수학공부를 준비하기
		 • 자, 수업을 시작하기 전에 수학노래를 부르면서 수학 수업을 준비해 볼까요?
		  – 네. (수학노래를 부른다.)
			6′	※인성을 강화하는 인사말로 시작한다.
				
				※학습 분위기를 조성하기 위해 노래나 반가를 부른다.

	선수 학습 확인	❖ **선수 학습 확인하기** ▷ 선수 학습한 내용을 확인하기 위해 익힘책의 00~00쪽의 준비 학습 문제 풀어 보기		◎익힘책 00~00까지 풀어 본다.

---

8) 박애란(2009). 도식화 전략 교수가 수학 학습부진 학생의 곱셈과 나눗셈의 문장제 문제해결에 미치는 효과. 단국대학교 석사학위논문에서 전략 발췌.

동기 유발	✤ **학습 동기 유발하기**	◎지난 시간에 나누어 주었던 '단짝친구' 유인물을 참조한다.
	▷ 단짝친구	
	• 여러분 옆에 누가 앉아 있죠?	
	– 짝꿍이요.	
	• 네, 짝꿍이에요. 짝꿍이랑 어떻게 지내나요?	
	– 짝꿍이랑 힘들 때 같이 도와주고 필요할 때 빌려 주고 서로 이해하면서 친하게 지내요.	
	• 네, 맞아요. 짝꿍이랑 비슷한 말이 있는데 무엇인지 아나요?	
	– 단짝친구입니다.	
	• '단짝친구' 어디서 들어보지 않았나요?	
	– 지난번에 '단짝친구'를 통해서 곱셈문제를 풀었어요.	
	• 그럼 '단짝친구'의 의미를 말해 줄래요?	
	– '단'은 단서를 주는 단어에 밑줄, 숫자에 동그라미하기, '짝'은 문제 유형을 파악하고 도식과 짝 맞추기, '친'은 곱셈과 나눗셈 중 어느 것과 친한지 찾기, '구'는 식을 세우고 답을 구하는 겁니다.	
	• 참 잘했어요. 그럼 오늘은 '단짝친구'를 이용하여 문장으로 이루어진 곱셈문제를 풀어 볼까요?	
	– 네!	
학습 문제 확인	✤ **학습 문제 확인하기**	◎파워포인트

〈공부할 문제〉
(두 자리 자연수) × (한 자리 자연수)의 계산원리를 이해하여 곱을 구해 봅시다.

문제해결 방법 탐색하기 및 문제해결 하기	활동	❖ 기본 학습 활동 전개하기	10′	◎수학교과서, 빈 도식그림을 유인물로 나 누어 준다.
		인경이는 농구에서 31점을 얻었다. 서연이는 인경이 점수의 3배를 얻었다. 서연이는 농구에 서 몇 점을 얻었을까요?		
		▷ 1단계 '단'과정에서 단서를 주는 단어에 밑줄, 숫자에 동그라미하기		
		• 앞에 오늘의 문제가 있어요. 문제를 잘 읽고 이야기에서 알 수 있는 것을 찾아보세요. 단서 를 주는 단어에는 밑줄을 긋고 관련된 숫자에 는 동그라미를 하는 거예요. 그럼 다 같이 문 제를 읽어 볼까요?		

		– [소리 내어 읽어 본다.] 인경이는 농구에서
		    31점을 얻었다. 서연이는 인경이 점수의
		    3배를 얻었다. 서연이는 농구에서 몇 점을
		    얻었을까요?		

		• 잘 읽었어요. 문제를 읽고 다시 말해 보는 것 은 문제를 이해하는 데 도움이 많이 돼요. 문 제에서 알 수 있는 것은 무엇일까요? 바로 '인 경이는 31점, 서연이는 인경이 점수의 3배'라 는 문장이죠? 그럼 문장에 밑줄을 그어 볼까 요? 그다음에는 단서와 연관된 숫자에 동그라 미를 해요. 그리고 문제에서 제시하는 것이 어 떤 유형의 문제인지 알아봐야 해요. 그것에 대 한 단서는 인경이와 서연이의 점수예요. 3배 로서 곱하는 관계이니 곱셈문제 유형이에요. 그러니깐 MC문제가 맞네요.		
		▷ 2단계 '짝'은 문제 유형을 파악하고 도식과 짝 맞추기		◎도식을 파워 포인트로 보여 준다.
		• 문상에서 보이는 유형을 찾고 유형에 맞게 노 식과 짝을 맞추어서 도식의 빈칸에 넣어요. 도 식의 빈칸에 문장에서 알아낸 정보를 모르면 '?'를 넣고 답을 구하세요.		

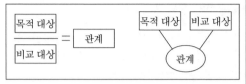

- 비교하는 문장은 "서연이는 인경이 점수의 3배를 얻었다"예요. 문장에서는 두 사람의 무엇을 비교한 것인가요?
  - 인경이 점수와 서연이 점수입니다.
- 네, 맞아요. 인경이와 서연이의 점수를 비교했기 때문에 밑줄을 치면 돼요.
  - [밑줄을 친다.]
- 밑줄 친 부분에서 무엇이 목적 대상이고 무엇이 비교 대상인지 알 수 있나요?
  - 아니요.
- 다른 것을 비교하는 기준이 되는 부분이 비교 대상이에요. 그럼 밑줄 친 부분에서 어떻게 되나요?
  - 서연이의 점수는 인경이의 점수에 비교 돼요.
- 네, 맞았어요. 그럼 누가 목적 대상이고 누가 비교 대상이죠?
  - 서연이의 점수가 목적 대상이고 인경이의 점수가 비교 대상이에요.
- 네, 맞아요. MC도식에 목적 대상은 서연이의 점수, 비교 대상은 인경이의 점수를 쓰세요.
  - [MC도식을 완성한다.]

▷ 3단계 '친'은 곱셈과 나눗셈 중 어느 것에 친한지 찾기
- 문장에서 제시한 것을 바탕으로 연산 방법을 선택해야 해요. 곱셈인지 나눗셈인지를 확인해야 합니다. 비교문장을 보면 서연이와 인경이 점수 사이의 관계를 알 수 있는데 어떤 관계인가요?
  - 3배 관계입니다.

• 네, 서연이와 인경이의 점수 관계가 곱셈의 관계예요. 그러면 문장에서 3배에 동그라미를 하고 관계 칸에 3을 쓰세요.
  – [문장에 동그라미를 하고 MC도식을 완성한다.]
• "인경이가 농구에서 31점을 얻었다"는 비교 대상인가요 목적 대상인가요?
  – 문장에서는 인경이가 비교 대상이고 점수는 31점입니다.
• 네, 맞아요. 그럼 인경이에게 밑줄을 긋고 31에 동그라미를 하세요.
  – [MC도식을 완성한다.]
• 목적 대상을 나타내는 문장인 "서연이는 농구에서 몇 점을 얻었을까요?"에서 목적하는 서연이의 점수를 나타내고 있나요?
  – 아니요.
• 목적하는 서연이의 점수를 모르기 때문에 서연이에 대해서는 ?를 도식의 목적 대상 칸에 쓰세요.

◎도식을 파워포인트로 보여준다.

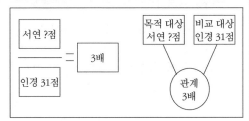

▷ 4단계 '구'는 식을 세우고 답 구하기
• 곱하거나 나누기로 문제를 해결한 답이 맞는지 확인하고 답을 써요. 우리는 비교 대상과 목적 대상에 밑줄을 치고 해당하는 수에 동그라미를 하고 MC도식에 그것을 썼어요. [문제를 다시 보고] 서연이의 몇 점은 31의 3배, ?는 31의 3배(?/31=3). 이것이 이해되나요? 어떻게 알 수 있나요?

적용 및 발전	학습 내용 정리 및 차시 예고	– 이해되는 것 같아요. 왜냐하면 인경이의 점수가 31이고 서연이의 점수가 ?라면 서연이의 점수는 인경이 점수의 3배예요. 그래서 ?는 31의 3배예요. 그래서 서연이 점수는 93점입니다. • 맞았어요. 이것은 MC문제예요. 왜냐하면 인경이 점수에 대한 서연이 점수를 비교하기 때문이에요. 비교 문장은 곱셈이나 나눗셈을 포함하는 배의 관계(3배)를 말해요. ❖ 학습 활동 정리하기 ▷ 오늘 학습한 내용 정리하기 • 오늘 배운 내용은 무엇입니까? – 문장에서 '단짝친구'를 사용해서 단서를 찾아 도식에 넣고 곱셈문제를 풀었어요. • 문제에서 인경이와 서연이의 점수 관계에서 무엇을 어떻게 해야 했죠? – 단서를 주는 낱말에 밑줄을 긋고 점수에는 동그라미를 하고 문제가 어떤 유형인지 파악을 합니다. 인경이가 비교 대상이고 서연이는 목적 대상이며 둘의 관계는 3배입니다. 인경이가 받은 점수가 31점이고 서연이는 인경이 점수의 3배나 더 받았습니다. 그래서 서연이의 점수는 93점입니다. ❖ 차시 예고하기 • 다음 시간에는 두 자리 수 자연수와 두 자리 수 자연수의 곱셈을 배워 봅시다.		

❑ 본시 평가 계획

평가 내용	평가 시기	평가 방법
▪ 두 자리 수와 한 자리 수의 곱셈을 도식화 전략을 활용하여 정확하게 계산할 수 있는가?	활동	관찰 및 학습지

4
도식화 전략 활동지

교과: 수학	단원(차시):	3. 자연수 곱셈 (○/9)
학년: 3-○		(두 자리 수) × (한 자리 수)

초등학교
3 학년   반   번

활동지 1   MC 도식화

❑ 다음 문제를 읽고 MC 도식화를 활용하여 문제를 풀어 봅시다.

1. 예지는 구슬을 12개 가지고 있습니다. 재은이는 예지가 가진 구슬의 3배를 가지고 있습니다. 재은이가 가진 구슬은 몇 개입니까?

2. 은삼이와 여울이는 딱지치기를 합니다. 은삼이는 15개의 딱지를 땄습니다. 여울이는 은삼이가 딴 것의 4배입니다. 여울이는 얼마나 많은 딱지를 땄습니까?

교과: 수학	단원(차시):	3. 자연수 곱셈 (○/9)
학년: 3-2		(두 자리 수) × (한 자리 수)

초등학교
3 학년   반   번

활동지 2   MC 도식화

❏ 다음 문제를 읽고 MC 도식화를 활용하여 문제를 풀어 봅시다.

3. 연모네 과수원에서 지난달에 사과 36개를 수확했습니다. 이번 달은 지난달의 5배나 많은 사과를 수확했습니다. 이번 달에 수확한 사과는 몇 개입니까?

4. 해린이는 수요일에 11송이의 꽃을 팔았습니다. 해린이는 일요일에는 수요일의 6배를 팔았습니다. 해린이가 일요일에 판 꽃은 몇 송이입니까?

5

도식화 전략 평가지

교과: 수학	단원(차시):	3. 자연수 곱셈 (○/9)
학년: 3-○		(두 자리 수) × (한 자리 수)

초등학교
3 학년   반   번

평가지 1   **MC 도식화**

❑ 다음 문제를 읽고 MC 도식화를 활용하여 문제를 풀어 봅시다.

1. 예지는 구슬을 12개 가지고 있습니다. 재은이는 예지가 가진 구슬의 3배를 가지고 있습니다. 재은이가 가진 구슬은 몇 개입니까?

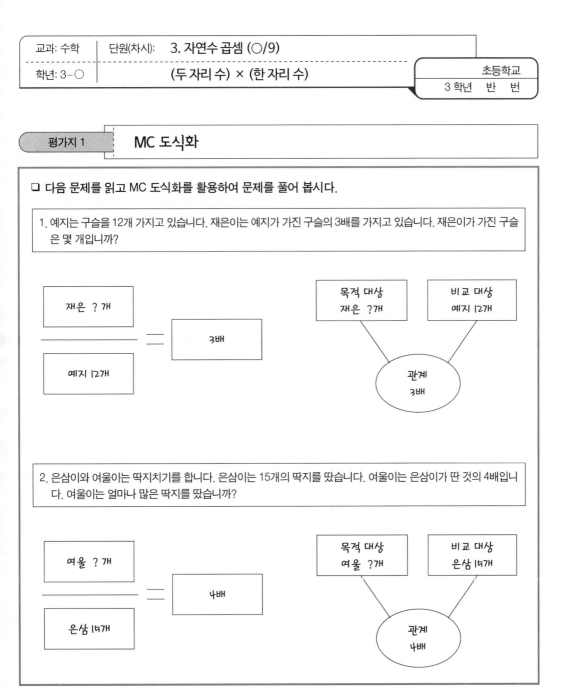

2. 은삼이와 여울이는 딱지치기를 합니다. 은삼이는 15개의 딱지를 땄습니다. 여울이는 은삼이가 딴 것의 4배입니다. 여울이는 얼마나 많은 딱지를 땄습니까?

교과: 수학	단원(차시):	3. 자연수 곱셈 (○/9)
학년: 3-2		(두 자리 수) × (한 자리 수)

초등학교
3 학년   반   번

평가지 2 | MC 도식화

❑ 다음 문제를 읽고 MC 도식화를 활용하여 문제를 풀어 봅시다.

3. 연모네 과수원에서 지난달에 사과 36개를 수확했습니다. 이번 달은 지난달의 5배나 많은 사과를 수확했습니다. 이번 달에 수확한 사과는 몇 개입니까?

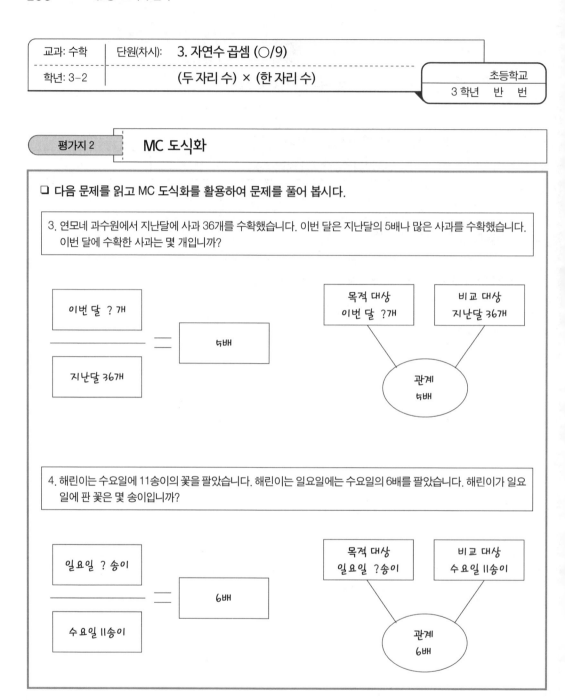

4. 해린이는 수요일에 11송이의 꽃을 팔았습니다. 해린이는 일요일에는 수요일의 6배를 팔았습니다. 해린이가 일요일에 판 꽃은 몇 송이입니까?

제**4**장

문제 만들기 전략

문제 만들기 전략의 소개

　문제 만들기는 문자에서 직관적으로 느껴지는 것처럼 학생 스스로 수학 문장제 문제를 만들어 보는 활동이다. 박영배(1991)에 따르면 문제 만들기 활동은 두 가지 관점으로 분류될 수 있는데, 하나는 주어진 문제를 보고 새로운 문제로 바꾸어 만들어 보는 것이고 다른 하나는 전혀 선행 문제가 주어져 있지 않은 상황에서 자신의 수학적 사고를 동원하여 새로운 문제를 창의적으로 만들어 내는 것이다. 즉, 첫 번째 관점은 주어진 문제를 정확하게 파악하여 그 조건의 관계 혹은 숫자를 바꾸어 문제를 재구성하는 것이고, 두 번째 관점은 문제가 만들어져 있지 않은 상황에서 자신이 수학적 조건을 지정해 나가며 문제를 새롭게 만드는 것이다.

　임문규(2001)는 이 두 가지 관점에 대한 이해하기 쉬운 설명을 덧붙였는데, 첫 번째 관점은 이미 식 또는 수학문제에서 나타내고 있는 수학적 상황을 바탕으로 문제를 만드는 것이다. 예를 들어, 수학적 상황을 바탕으로 한 문제 만들기는 이미 교과서에 나와 있는 선행 문제를 학생이 스스로 풀어 본 후, 그 문제와 유사한 문제를 만들어 보는 것이다. 선행 문제에 포함된 연산을 바꾸거나 문제에서 제시된 수학적 관계를 바꾸는 등 부분적인 변환을 통해 새로운 문제를 만들어 보도록 함으로써 학생은 문제해결력을 신장시킬 수 있고 교사는 학생의 수학적 오류 혹은 이해력 부족 등을 파악할 수 있다. 다음으로 두 번째 관점은 아직 수학화되지 않은 실세계 상황을 바탕으로 문제를 만드는 것이다. 실세계 상황으로부터 문제 만들기 활동은 미수학적인 세계에서 수학적인 세계로 개발되는 활동이다. 즉, 임의의 상황(일상생활, 놀이, 뉴스 기사, 역사, 책, 그림 등)을 설정하여 그 상황에 부합하는 수학문제를 만들거나, 주변에서 찾을 수 있는 소재(학교, 짝꿍, 교실 등)를 활용하여 수학문제를 만들어 보도록 하는 것이다. 이는 학생이 스스로 판단하여 수학적 조건을 선별하고 상황을 만드는 수학적 사고가 바탕에 있어야 가능한 활동이므로 학생의 수학 수준을 평가할 수 있을 뿐만 아니라 수학적 창의력 역시 평가할 수 있다.

　김윤희(2011)의 연구에 따르면, 문제 만들기 활동이 가져오는 교수적 효과는 총 다섯 가지로 정리할 수 있다. 첫째, 문제 만들기는 학생들이 문제 상황에 포함된 사실과 관계에 집중하고 더 깊은 이해를 요구함으로써 수학적 개념에 대한 이해를 높일 수 있을 뿐만 아니라 문제해결능력 역시 향상시킬 수 있다(Silver, 2003). 둘째, 문제 만들기는 학생들의 특별한 수학적 재능이나 통찰력을 발견할 수 있는 활동이므로 학생들의 특출난 수학적 창의력을 점검하는 지표가 된다. 실제로 한 연구에 따르면 수학적 우수성이 있는 학생은 그렇지 않은 학생보다 더 복잡하고 다양한 문제를 만들어 냈다고 한다(Ellerton, 1986). 셋째, 문제 만들기 활동은 학생들의 수학적 이해를 제공하는 수단이 될 수 있다. 문제 만들기 과정을 지켜보는 것은 학생들의 수학적 이해 수준을 평가할 수 있는 중요한 단서가 되기 때문이다. 넷째, 문제 만들기는 학생들의 수학적 성향을 개선시킬 수 있다. 자신이 흥미를 느끼는 영역의 소재를 가지고 문제 만들기를 한 학생들은 문제 만들기 활동에 더 큰 흥미를 보일 수 있으며 그 흥미가 조금 더 확장되면 수학적인 성향까지 바꿀 수 있는 것이다. 다섯째, 문제 만들기는 수학자들이 수학을 연구할 때 가장 전형적으로 하는 활동으로 수학적 활동의 핵심이라 볼 수 있으며, 자신만의 문제를 찾아내고 해결해 나가는 일련의 과정을 통해 수학적 사고가 확장될 수 있다.

문제 만들기 활동은 수학 문장제 문제를 활용하여 수학문제를 만들어 볼 때 그 효과가 극대화될 수 있다. 수학 문장제 문제란 수학의 각 영역에서 주로 일상생활의 경험을 소재로 하여 문제해결능력을 평가하는 문제로 몇 개의 문장으로 구성되어 있다(전은미, 2002). 그렇기 때문에 다른 수학문제보다 학생들이 수학적 사고를 반영할 기회가 훨씬 더 부여되며, 자신의 경험을 토대로 수학적 관계를 구성해 나가는 것이 한결 더 수월하다. 또한 수학 문장제 문제는 단순 암기를 통한 정형화되고 공식화된 연산능력에서 벗어나 주어진 문제를 이해하고 해결 방법을 스스로 찾아내어 문제에서 최종적으로 요구하는 정답을 산출할 수 있도록 도움을 주는 데 초점이 맞추어져 있으며, 이는 곧 학생들의 문제해결력 신장과도 연관된다(김윤희, 2011). 다시 말해, 수학 문장제 문제를 활용하여 학생들이 문제 만들기 활동을 할 경우 일상생활에서 흔히 볼 수 있는 소재를 활용하여 문제를 만들어 보고, 문제에 포함된 수학적 개념을 친숙한 소재로 이해할 수 있기 때문에 학습 동기가 높아질 뿐만 아니라 다양한 상황에 수학적 지식을 적용하여 발달시킬 수 있는 것이다.

지금까지 살펴본 바와 같이 수학 문장제 문제를 활용한 문제 만들기는 학생들의 수학 개념 이해 및 문제해결력을 향상시켜 줄 뿐만 아니라 부정적이었던 수학적 성향을 긍정적으로 개선해 주는 효과가 있으며, 수학적 사고 확장과 창의력을 길러 주는 전략이라 볼 수 있다. 또한 학생들의 수학적 성향에 대한 통찰을 얻을 수 있고 학생들의 수학적 이해 수준과 문제해결력에 대한 교수적 팁을 얻을 수 있기 때문에 교사에게는 수학수업의 핵심적인 활동이라 볼 수 있다.

참고문헌

김윤희(2011). 문제 만들기 활동이 수학적 개념 및 원리 이해와 문장제 문제해결력에 미치는 영향. 고려대학교 교육대학원 석사학위논문.

박영배(1991). 문제 만들기 활동을 통한 발전적 사고의 지도. 산수교육 세미나집, 15(1), 79-95.

임문규(2001). 제7차 교육과정에 따른 초등학교 1, 2학년 수학 교재의 문제 만들기 내용 분석 및 학생들의 실태조사. 학교수학, 3(2), 295-324.

전은미(2002). 아동의 수학 문장제 이해 방법과 문제해결능력 사이의 관계 연구. 서울교육대학교 교육대학원 석사학위논문.

Ellerton, N. F. (1986). Children's made up mathematics problem: A new perspective on talented mathematicians. *Educational Studies in Mathematics, 17*, 261-271.

Silver, E. A. (1993). *On mathematical problem posing, I*, 66-85. PME proceedings of the seventeenth international conference.

문제 만들기 전략의 효과성

1

**자기교시 훈련을 적용한 문제 만들기 활동이
수학 학습부진아의 문장제 문제해결력에 미치는 영향[9]**

1) 연구 방법

본 연구는 초등학교 3학년 수학 학습부진아를 대상으로 자기교시 훈련을 적용한 문제 만들기 활동이 수학 문장제 문제해결능력에 미치는 효과를 알아보기 위해 실험연구를 진행하였다.

(1) 연구 대상

본 연구는 수원시 소재 C초등학교 3학년 일반학급의 아동 3명을 대상으로 하였다. 선정된 3명은 3월 중순 학교에서 자체적으로 실시한 진단검사 결과 수학과에서 60% 미만의 성취를 나타낸 아동으로서, 교육과정평가원의 수학과 국가 수준 기초학력진단평가에서 학년 기준(75점)에 도달하지 못한 경우다. 이에 더하여, 한국교육개발원에서 개발한 KEDI-WISC-Ⅲ 검사 결과 지능지수 80이상으로, 정신지체, 문자 미해득과 같은 잠재적 능력의 부족이나 주의력 결핍장애 등과 같은 정서장애 등으로 정규학습의 적용에 어려움이 나타나지 않는 아동을 선정하였다. 마지막으로, 수학 문장제 문제해결에 필요한 읽기 이해 등에 어려움이 없음을 확인하기 위하여 학교에서 자체적으로 실시한 진단검사의 국어 점수와 기초학력진단평가에서 읽기(66점)와 쓰기(76점) 점수가 학년 수준에 미달되지 않는 아동을 대상으로 하였다.

---

9) 이수정(2006). 자기교시 훈련을 적용한 문제 만들기 활동이 수학 학습부진아의 문장제 문제해결력에 미치는 영향. 단국대학교 대학원 석사학위논문.

최종 선정된 아동 3명의 공통점은 수 개념이 학년 단계에 맞게 형성되어 있으며 연산에는 큰 어려움이 없는 반면, 덧셈과 뺄셈의 받아올림과 받아내림 과정에서 실수가 빈번하게 나타나고 수학 문장제 문제를 해결하는 데 문제에서 묻는 것을 찾는 능력과 문제해결을 위해 필요한 문제의 조건을 구분하는 능력이 부족하다는 특징이 있다.

(2) 검사 도구

① 문장제 문제해결력 사전 검사

사전 검사를 위해 초등학교 2학년 수학교과서 및 수학 익힘책 수준의 문항으로 구성된 20문항의 문장제 문제를 연구자가 자체 제작하여 활용하였으며, 동료 교사 3명과 특수교육 전공 대학원생에게 문제 타당도를 검증받았다. 한 문제당 5점 배점으로 100점을 만점으로 하고, 식과 답이 모두 맞아야만 5점으로 채점하였다.

② 문제해결 학습지와 문제 만들기 학습지

문제해결 학습지는 각 단원이 바뀌는 차시마다 적용한 검사지로, 초등학교 3-가 과정에서 학습계열에 맞춰 단원별로 알아야 할 내용을 풀어 보는 문제해결 학습지를 제작하여 제시하였다. 그런 다음 학생들에게 자기교시 훈련을 적용하여 학습지를 해결함으로써 수학적 기초 능력이 향상되도록 지도하였다. 문제해결 학습지를 해결한 후, 학습지에 제시된 내용을 참고로 만들 수 있는 문제 만들기 학습지를 제시함으로써, 문제를 만들어 보면서 수학문제의 해결과정을 역으로 생각해 보고 수학적 원리와 개념을 형성할 수 있도록 하였다.

③ 문장제 문제 만들기 사후 검사지

사후 검사를 위해서, 15차시에 걸쳐 학습한 초등학교 3-가 수학교과서 및 수학 익힘책 수준의 수학 문장제 문제 20문항을 연구자가 제작하여 사전 검사지와 동일한 방식으로 타당도를 확인하였다. 문제의 채점과 배점 역시 사전 검사와 동일하게 문항당 5점 배점으로 총 100점 만점의 검사지를 제작하였다.

2) 연구 절차

(1) 실험 도구 및 자료

본 연구에서 사용한 자기교시 훈련은 임수진(2002), 채정희(2005)에서 사용한 자기교시 훈련 프로그램의 기본 모형을 근거로 자기교시 모형에 수학 결함을 교정하기 위한 전략(인지적 모델링, 외현적 지도, 외현적 자기지도, 외현적 자기지도의 약화, 내면적 자기지도)으로 사용한 5단계의 자기교수 과정 훈련을 기본으로 하였다.

자료의 수집은 연구자가 아동의 문제 만들기 활동을 관찰하고 기록한 것과 아동의 과제 수행 기록문을 토대로 하였다. 이 과정에서 비구조화된 면담과 개별 면담을 병행하여 아동의 활동을 이해하려고 노력하였다.

(2) 실험 처치

수학 3-가 단계에 속하는 주제 중 문제 만들기 활동이 가능한 단원을 선택하여 총 15차시로 구성하였으며, 주 3회씩 아침 자습시간 및 방과 후 시간을 이용하였다. 첫 1차시는 자기교시 훈련과 문제 만들기 활동을 연습할 기회를 제공하고 기본적인 수 개념을 형성하는 데 도움을 주는 차시로 구성되었고, 2차시부터 15차시까지 14개의 차시 동안 자기교시 훈련을 적용한 수업을 진행하였다. 추가적으로 단원이 바뀌는 차시마다 문제해결 학습지를 제시하여 자기교시 훈련을 통해 단원별로 유형에 맞춰 문제를 풀어 보도록 하였다. 또 차시를 진행하는 동안 문제 제시형-상황 제시형-자유형의 단계를 활용하여 문제를 만들어 보고 만든 문제를 자기교시 훈련을 적용하여 스스로 풀어 볼 수 있도록 지도하였다.

검사지를 해결하도록 한 후에는 검사지에 적힌 아동의 풀이과정을 살펴보며 문제해결 과정 및 아동의 수준과 특징을 분석하였다. 또, 아동의 심층적인 특징을 파악하기 위해 관찰과 구조화된 면담을 실시하여 수학적 태도를 알아보았다.

3) 연구 결과

(1) 문장제 문제해결력에 미치는 효과

자기교시 훈련을 적용한 문제 만들기 활동을 실시하기 전과 후의 문장제 문제 능력검사 20문항의 점수를 비교함으로써, 이 활동이 수학 학습부진아의 수학 문장제 문제해결에 어떠한 영향을 미치는지 알아보았으며, 그 결과는 다음과 같다.

다음의 표에 나타난 것과 같이, 아동 1, 2, 3 모두 자기교시 훈련을 적용한 문제 만들기 활동을 실시하기 전보다 수학 문장제 문제해결능력 검사 점수가 향상되었으며, 평균 점수에서도 사전 검사에 비해 사후 검사에서 크게 향상되었다.

사후 면담을 실시한 결과, 자기교시 훈련을 적용한 문제 만들기 활동을 통해 문장제 문제를 곱씹어 생각하면서 분석하여 푸는 능력이 향상된 것을 알 수 있었고, 이는 아동들이 문장제 문제를 어떻게 해결하면 되는지 알게 되었다는 진술에서도 확인할 수 있었다.

〈표 4-1〉 수학 문장제 문제해결능력의 변화

	사전 점수	사후 점수	변화
아동 1	50	80	+ 30
아동 2	40	65	+ 25
아동 3	60	85	+ 25
평균	50	76.7	+ 26.7

(2) 만든 문제의 분석

아동이 만든 문제를 분석하는 것은 문제해결력이 향상되었는지 측정할 수 있는 또 다른 방법이 되며, 연구 대상 아동 3명이 만든 문제를 분석한 결과는 각각 다음의 표와 같다.

〈표 4-2〉 아동 1의 만든 문제 분석표

영역	10,000까지의 수	덧셈과 뺄셈							나눗셈				곱셈		
		덧셈		뺄셈			혼합								
	선수	1	2	3	4	5	6	7	8	9	10	11	12	13	14
[I]	2	1	3	1	1	2	1	2	2	3	2	3	1	1	5
[II]	1	1			2	1	2	1	1		1		2	2	
[III]				2							1				
[IV]															
만든 문제 수	3	2	3	3	3	3	3	3	3	3	4	3	3	3	5

[I] 완전한 문제 [II] 불완전한 문제 [III] 잘못된 문제 [IV] 만들지 못한 문제

〈표 4-3〉 아동 2의 만든 문제 분석표

영역	10,000까지의 수	덧셈과 뺄셈							나눗셈				곱셈		
		덧셈		뺄셈			혼합								
	선수	1	2	3	4	5	6	7	8	9	10	11	12	13	14
[I]	2	2	3	2	2	3	2	2	1	1		2		2	2
[II]		1			1		1	1				1	2		
[III]	1								3	3	4		1	1	1
[IV]				1											
만든 문제 수	3	3	3	2	3	3	3	3	4	4	4	3	3	3	3

[I] 완전한 문제 [II] 불완전한 문제 [III] 잘못된 문제 [IV] 만들지 못한 문제

〈표 4-4〉 아동 3의 만든 문제 분석표

영역	10,000까지의 수	덧셈과 뺄셈							나눗셈				곱셈		
		덧셈		뺄셈			혼합								
	선수	1	2	3	4	5	6	7	8	9	10	11	12	13	14
[I]	1			1	1	2	2	3	1	1	1	3	3	2	2
[II]	1	1			1		1			1					
[III]	1		1						2	1		1		1	
[IV]		2	2	2	1	1									
만든 문제 수	3	1	1	1	2	2	3	3	3	3	1	4	3	3	2

[I] 완전한 문제 [II] 불완전한 문제 [III] 잘못된 문제 [IV] 만들지 못한 문제

아동 1은 문제 만들기 방법을 가장 잘 이해하는 모습을 보였으나, 문제 만들기 활동을 하면서 초반에 의욕적이다가 후반으로 갈수록 다소 집중력이 떨어지는 모습을 보였다. 따라서 집중력이 좀 더 향상되면 문장제 문제뿐만 아니라 수학과 전체 성취에 향상이 나타날 것으로 기대되었다. 아동 2는 제시된 틀에 맞추어 교과서와 가장 유사한 문제를 만들려고 하는 경향이 강했고, 간혹 문제에서 상황과 구하고자 하는 것을 문장으로 쓰는 데 오류를 보였다. 아동 3은 문제 만들기 활동의 차시가 계속될수록 의지와 흥미의 향상이 두드러지게 나타났고, 문장제 문제에 대한 자신감을 보였다. 이를 통해 만든 문제를 분석해 봄으로써 아동마다 각각의 특징이 나타남을 확인할 수 있었고, 학습부진아에게도 개별적인 부진의 원인을 찾아 그 원인의 특성에 맞게 도움을 주면 문제 만들기 활동이 충분히 가능하다는 것을 확인하였다.

전체적으로는 단원별로 문제 제시형-상황 제시형-자유형의 세 단계로 전개된 문제 만들기 활동에서 아동들은 문제 제시형의 주어진 문제의 틀 안에서 조건만 바꾸는 방식을 가장 쉽게 생각하였으며, 상황 제시형에서는 식을 제시할 경우 쉽게 문제를 만들었으나 글을 주고 상황 안에서 문제를 만드는 것은 어려워하였다. 자유형 문제를 만들 때에는 초반에 비해 차시가 진행될수록 문제를 만드는 속도와 완성도가 높아짐을 확인하였다.

(3) 문제해결 과정의 분석

문제 만들기 활동의 궁극적인 목적은 문제해결력을 향상시키는 것으로, 이를 확인하기 위해서는 아동들이 문제를 해결하는 과정을 자세히 분석해야 한다. 아동이 만든 문제를 해결하는 능력의 결과는 총괄적 분석법에 따라 문제의 해결과정을 분석하고 채점하여 나온 것으로, 각 아동의 문제해결력 분석표는 다음과 같다.

〈표 4-5〉 아동 1의 문제해결력 분석표

영역	10,000 까지의 수	덧셈과 뺄셈						나눗셈				곱셈		
		덧셈		뺄셈			혼합							
	선수	1	2	3	4	5	6	7	8	9	10	11	12	13	14
4	3	3	2		2	2	2	3	3	3	4	3	3	3	5
3			1												
2				1	1	1	1								
1															
0															
풀이한 문제 수	3	3	3	1	3	3	3	3	3	3	4	3	3	3	5

〈표 4-6〉 아동 2의 문제해결력 분석표

영역	10,000 까지의 수	덧셈과 뺄셈						나눗셈				곱셈		
		덧셈		뺄셈			혼합							
	선수	1	2	3	4	5	6	7	8	9	10	11	12	13	14
4	2	2	3	1	3	3	3	3	5	4	4	3	2	3	3
3	1														
2				1											
1		1											1		
0															
풀이한 문제 수	3	3	3	2	3	3	3	3	5	4	4	3	3	3	3

〈표 4-7〉 아동 3의 문제해결력 분석표

영역	10,000 까지의 수	덧셈과 뺄셈						나눗셈				곱셈		
		덧셈		뺄셈			혼합							
	선수	1	2	3	4	5	6	7	8	9	10	11	12	13	14
4	3	1					3	1	3	2	2	4	3	3	2
3															
2															
1						1									
0			1	1	2			2							
풀이한 문제 수	3	1	1	1	2	1	3	3	3	2	2	4	3	3	2

문제 만들기 활동은 문제의 구조를 파악하고 문제를 이해하도록 하는 활동으로서, 세 아동 모두 문제 만들기 활동을 통해 만든 문제에 사용해야 하는 전략이 무엇인지 알아 단원에 맞는 문제해결 전략을 선택하고 있음을 확인할 수 있었다. 또 덧셈과 뺄셈에서는 실수가 나타나기도 하였으나 대부분의 영역에서 올바른 답을 구하고 있었다.

(4) 관찰과 면담의 결과

문제 만들기 활동을 통한 정의적 영역의 변화를 확인하기 위해 기준표를 분석한 결과, 직접 문제를 만들어 보면서 과제에 대한 집착력이 향상되었고 잘못된 부분을 계속 고쳐 나가려는 모습이 나타났다. 다만, 민감성 부분에서는 문제의 조건에 대한 분석력은 향상된 반면, 문제에서 묻는 것을 구하기보다 문제에서 제시한 숫자 자체를 해결하는 데에만 초점을 맞추는 모습이 계속적으로 나타남에 따라 민감성이 크게 향상되었다고 보기는 어렵다.

수학에 대한 흥미와 관련해서는 수학 학습부진의 특성상 낮은 과제에 대한 집중력 및 낮은 수학에 대한 흥미 등으로 인해 중간에 다소 저하되기도 하였으나, 문제 만들기 활동이 계속될수록 긍정적인 반응을 보여 수학에 대한 흥미도가 향상되었다고 할 수 있다.

문제 만들기 활동이 모두 끝난 후 면담을 실시한 결과, 문제 만들기에 관심이 증가하였고, 수학에 대한 자신감과 태도에도 긍정적인 영향을 주었다고 대답하였으며, 문제 만들기 활동을 통해 수학 학습에도 도움이 되었다고 진술하였다.

4) 함의

자기교시 훈련을 적용한 문제 만들기 활동이 수학 학습부진아의 문장제 문제해결능력에 미치는 효과를 알아보려는 목적으로 실험 연구를 진행한 결과, 자기교시 훈련을 적용한 문제 만들기 프로그램은 수학 학습부진아의 문장제 문제해결능력을 향상시키는 데 효과적임을 확인할 수 있었다. 문제의 구조와 틀을 분석하고 틀에 대한 이해를 바탕으로 해결 방법을 찾아가며 스스로 문제를 만들어 보는 자기교시 훈련을 통해 문제를 보다 깊이 이해할 수 있게 되어 수학 문장제 문제해결력이 향상된 것으로 나타났다.

또 관찰과 면담을 실시하여 자기교시 훈련을 적용한 문제 만들기 프로그램이 학습부진아의 수학에 대한 태도 개선에도 효과적인 것을 확인할 수 있었다. 이는 새로운 내용의 문제를 구성해 가는 과정에서 문장제 문제해결에 대한 자신감이 향상되고 학습 활동에 적극적으로 참여함에 따라, 수학교과에 대한 태도와 흥미의 신장을 이끈 것이다.

2
수학 학습부진아의 문장제 해결능력 증진을 위한 숫자 바꾸기와
구조 바꾸기 전략의 효과 비교[10]

1) 연구 방법

본 연구는 수학 학습부진아의 문장제 해결능력을 향상시키기 위한 다양한 문제 자체 조절 방법 중 '숫자 바꾸기'와 '구조 바꾸기' 전략이 수학 학습부진아의 문장제 해결에 미치는 영향을 비교하고자 하였다. 이를 위해 수학 학습부진아 3명을 대상으로 문장제의 큰 수를 암산이 가능한 작은 수로 바꾸어 식을 세우고 다시 문제의 수를 대입하여 해결하는 '숫자 바꾸기' 방법과 문장 구조를 단순하게 바꾸어 푸는 '구조 바꾸기' 전략을 번갈아 사용하면서 덧셈, 뺄셈, 곱셈의 혼합 문장제 문제를 해결하게 한 후 두 전략의 효과를 비교하였다.

(1) 연구 대상

본 연구는 인천광역시 소재의 ○○초등학교 4학년 일반 아동 전체를 대상으로 하여, 다음과 같은 다섯 가지 기준에 모두 부합하는 3명(남학생 2명, 여학생 1명)을 최종 선정하였다.

첫째, 한국교육과정평가원에서 개발한 기초학습진단평가 결과 수학과 학업성취도가 70점인 아동을 선정하였다. 둘째, K-WISC-Ⅲ 지능검사 결과 IQ 85~95범위에 속하는 아동을 선정하였다. 셋째, 인천광역시 교육청에서 제공하는 문제은행에 근거해 제작한 1학기 기말고사 수학과 성적이 60점 이하인 아동을 선정하였다. 넷째, 수학 4-가 수준에 해당하는 문장제 해결능력 검사를 실시하여 점수가 60점 미만이며 평균 점수가 비슷한 아동을 선정하였다. 다섯째, 이 연구의 목적은 문장제 문제해

10) 이진옥, 김수연, 이영연(2010). 수학 학습부진아의 문장제 해결능력 증진을 위한 숫자 바꾸기와 구조 바꾸기 전략의 효과 비교. 학습장애연구, 7(1), 157-176.

결과 관련이 있으므로, 대상 아동의 수학능력뿐만 아니라 문장을 읽고 구조를 파악하는 독해력 수준의 차이도 고려되어야 한다. 따라서 기초학습기능검사-읽기 II를 추가로 실시하여 읽기 능력이 비슷한 아동을 선정하였다.

(2) 검사 도구

① 기초학습진단평가

기초학습진단평가는 한국교육과정평가원에서 개발하여 제작한 것으로 3월에 전국 초등학교의 전체 학생을 대상으로 실시한다. 수학과는 수와 연산 영역의 14문항, 도형 영역의 6문항, 측정 영역의 5문항 및 관계 영역의 5문항으로 구성되어 총 30문항을 통해 측정한다.

② 문장제 해결능력 검사

문장제 해결능력 검사는 기초선, 교대 중재, 유지 단계에서 문장제 해결능력 측정을 위해 본 연구의 연구자가 직접 제작한 검사로, 초등학교 4-가 수학교과서와 수학익힘책의 6단원인 혼합연산 단원을 선정하여 31년 경력의 초등교사와 협의한 후 제작하였다. 본 검사에서 사용된 혼합연산의 유형은 괄호를 사용한 문제와 괄호가 사용되지 않은 문제를 포함하여 덧셈과 뺄셈의 혼합연산 4문항, 덧셈과 곱셈의 혼합연산 3문항 및 뺄셈과 곱셈의 혼합연산 3문항의 총 10문항으로 구성되었다.

매 차시마다 유형에 따라 숫자를 바꾸어 문제를 제작하고 순서를 다르게 배치하였다. 또한 문제의 난이도가 동일한 동형검사인지 확인하기 위해 4학년 한 학급을 선정하여 사전 검사와 유지검사를 실시한 후 t검증으로 분석한 결과 유의미한 차이가 없는 것으로 나타나 동형검사임이 확인되었다.

③ 문제 자체의 조절

문제 자체의 조절은 문장제의 내용을 조절함으로써 학습성취를 높이는 방법으로 본 연구에서는 숫자 바꾸기와 구조 바꾸기의 두 가지 방법으로 분류하였다.

• 숫자 바꾸기

숫자 바꾸기는 문제에서 제시된 큰 수를 암산이 가능한 쉬운 수로 바꾸어 줌으로써 스스로 문제를 풀도록 하는 방법이다. 예를 들어, 일의 자리 숫자는 2와 같이 쉬운 숫자로, 또 십의 자리 수는 10과 같이 쉬운 숫자로 바꾸는 것인데 보다 자세한 예시는 다음과 같다.

원래 문장제	쉬운 숫자로 바꾼 문장제
경진이는 500원짜리 빵과 280원짜리 음료수를 한 개씩 사고 1,000원짜리를 냈습니다. 거스름돈은 얼마를 받아야 하는지 알아보시오.	경진이는 100원짜리 빵과 100원짜리 음료수를 한 개씩 사고 1,000원짜리를 냈습니다. 거스름돈은 얼마를 받아야 하는지 알아보시오.

이렇게 숫자 바꾸기 전략을 사용하여 쉬운 숫자로 문제를 조절해서 식을 세운 후, 다시 원래 문제에 제시된 숫자를 대입하여 최종 식을 풀어 문제를 해결하도록 지도하였다.

• 구조 바꾸기

구조 바꾸기 전략은 2개 이상의 절로 된 문장인 복문 중심의 문장제를 한 문장씩 끊어서 단문 중심의 문장제로 바꾸어 문제를 푸는 방법이다. 이처럼 문장의 복잡한 구조를 간단히 함으로써 문장의 이해력이 높아져 정확한 식을 세우는 데 도움을 줄 수 있다. 구조 바꾸기 전략의 예는 다음과 같다.

원래 문장제	단문 중심 구조로 바꾼 문장제
경진이는 500원짜리 빵과 280원짜리 음료수를 한 개씩 사고 1,000원짜리를 냈습니다. 거스름돈은 얼마를 받아야 하는지 알아보시오.	경진이는 500원짜리 빵을 샀습니다. 280원짜리 음료수를 샀습니다. 1,000원짜리를 냈습니다. 거스름돈은 얼마를 받아야 하는지 알아보시오.

2) 연구 절차

(1) 연구 설계 및 절차

본 연구에서는 문제 자체의 조절 전략인 숫자 바꾸기와 구조 바꾸기 방법 중 어느 전략이 더 효과적인지 알아보기 위해, 한 대상자(또는 대상군)에게 여러 중재를 교대로 실시하여 그 중재들 간의 효과를 비교하는 방법인 '교대 중재 설계'를 적용하였다 (이소연, 박은혜, 김영태, 2000).

먼저, 기초선 설정 단계에서는 3회에 걸쳐 문장제 해결능력을 평가하였으며, 교대 중재는 숫자 바꾸기(중재 A)와 구조 바꾸기(중재 B)를 매 회기마다 교대로 실시하였다. 하나의 중재가 끝나면 다음 회기를 시작하기 전 문장제 해결능력 검사를 시행하고 정답률을 누적 기록함으로써 해당 중재가 효과적인지 확인하였다. 한 중재가 다른 중재보다 뚜렷한 효과를 지속적으로 보일 때까지 두 중재를 번갈아 실시하였으며, 두 중재 중 더 명확한 효과를 보인 중재가 나타나면 해당 중재만을 선택하여 6회기에 걸쳐 적용하는 선택 중재기를 가졌다. 본 연구에서는 연속 3회기 동안 80점 이상의 수행률을 보인 중재를 기준으로 하였다. 유지 결과는 1주일의 휴지기를 가진 후 다시 6회기에 걸쳐 수행을 측정하였다.

교대 중재기와 선택 중재기 동안에는 교사가 아동에게 숫자 바꾸기 또는 구조 바꾸기 등의 전략을 지정해 주고 지정한 방법으로 문제를 풀도록 하였으며, 유지기에는 전략을 지정해 주지 않고 아동이 원하는 대로 문장제를 해결하게 하였다.

(2) 중재 충실도

본 연구에서는 중재 충실도를 제시하기 위해 실제로 아동이 숫자 바꾸기와 구조 바꾸기의 두 가지 중재를 정확하게 활용하여 문제를 풀었는지 측정하였다. 각 전략의 수행률을 분석한 결과, 전체적으로 숫자 바꾸기가 구조 바꾸기에 비해 높은 전략 수행률을 나타냈다.

(3) 자료 처리

문장제 해결능력 검사의 자료 처리는 각 10개의 문항에 대해 정오답 반응 수를 백분율로 환산하여 기록한 후 그래프에 표시하였다. 이때 식과 답이 정확히 맞았을 경우에만 10점을 부가하였으며, 식 또는 답 중 하나만 맞은 경우에는 0점을 주었다. 3명의 아동이 각각 획득한 점수와 이를 표시한 그래프를 이용해 결과를 분석하였다.

3) 연구 결과

(1) 중재 A(숫자 바꾸기)와 중재 B(구조 바꾸기)가 문장제 해결능력 향상에 미치는 효과

중재 A와 중재 B에 대한 대상 아동의 문장제 해결능력 검사 점수를 채점한 결과, 대상 아동 가, 나, 다 모두 중재 B보다 중재 A를 적용했을 때 높은 점수를 나타냈다. 따라서 선택 중재기에는 중재 A(숫자 바꾸기)만 적용하여 중재를 실시하였으며, 전체 연구 결과는 다음과 같다.

〈표 4-8〉 중재 A, B에 따른 연구 결과

아동	기초선 단계			교대 중재 단계							유지 단계		
				중재 비교				중재 선택 적용					
	1~3회기			4~17회기				18~23회기			24~29회기		
	최소	최대	평균	중재	최소	최대	평균	최소	최대	평균	최소	최대	평균
가	10	60	33.33	중재A	40	90	62.85	80	90	81.66	80	100	90.00
				중재B	20	80	57.14						
나	30	30	30.00	중재A	70	90	78.33	80	90	81.66	80	90	81.66
				중재B	30	80	60.00						
나	20	30	26.66	중재A	30	80	57.14	80	90	85.00	80	100	95.00
				중재B	30	80	47.14						

자세히 살펴보면, 대상 가 아동의 기초선 단계의 문장제 해결능력 검사 점수는 평균 33.33점이었으며, 교대 중재 기간 중 12회기에 80점 이상의 점수를 얻었고, 14~16회

기까지 3회 동안 80점 이상의 점수를 받아 중재 비교를 종료하였다. 대상 가 아동의 경우 교대 중재 후 문장제 해결능력이 향상된 것으로 나타났다. 특히 숫자 바꾸기는 가 아동이 비교적 쉽게 따라하며 중재 초기부터 기초선보다 향상된 성취를 보였으며 8회기와 10회기를 제외한 모든 회기에서 꾸준한 향상을 나타냈다. 반면, 구조 바꾸기는 중재 초기부터 전략 이해에 어려움을 보여 향상 속도가 숫자 바꾸기보다 느리게 나타나고 향상 정도도 일정하게 나타나지 않았다. 총 6회의 중재 선택 적용 단계에서는 숫자 바꾸기 중재를 적용하자 중재 비교 단계보다 더 높은 향상을 보였다.

대상 나 아동의 경우 기초선 단계의 문장제 해결능력 검사 점수는 평균 30.00점인 것으로 나타났고, 교대 중재 기간 중인 10회기, 12회기 그리고 14회기에 80점 이상의 점수를 받아 중재 비교를 종료하였다. 교대 중재 후 문장제 해결능력이 크게 향상된 것을 볼 수 있는데, 특히 숫자 바꾸기 전략은 나 아동에게 효과가 즉각적으로 나타난 것을 확인하였다. 반면, 구조 바꾸기는 대상 가 아동과 마찬가지로 전략의 이해에도 어려움을 보였고 향상 정도 또한 꾸준히 나타나지 않았다. 총 6회의 중재 선택 적용 단계를 거치면서 매 회기마다 80점 이상의 높은 점수를 보여, 중재 비교 단계보다 더 향상된 것을 볼 수 있었다.

대상 다 아동의 기초선 단계의 문장제 해결능력 검사 점수는 평균 26.66점인 것으로 나타났다. 교대 중재 기간에 나 아동과 마찬가지로 3회 동안 80점 이상의 점수를 얻어, 선택 중재 적용 단계를 진행하였다. 대상 다 아동은 다른 두 아동에 비해 초기의 향상 정도는 낮게 나타났으며 두 중재 간의 차이도 뚜렷하지 않았으나, 교대 중재 단계를 거치면서 큰 향상을 보였다. 특히 평균 점수로 비교하면 숫자 바꾸기에서 더 뚜렷한 향상을 보이긴 했으나, 구조 바꾸기 역시 후반부에서는 큰 성취를 보였다. 높은 평균 점수 향상을 나타낸 숫자 바꾸기를 선택 중재 기간에 적용한 결과 대상 다 아동의 문장제 해결능력이 중재 비교 단계보다 더 향상되었으며, 매 회기마다 80점 이상의 높은 점수를 안정적으로 보였다.

(2) 중재 A(숫자 바꾸기)의 문장제 해결능력 유지에 미치는 효과

중재 A(숫자 바꾸기)가 문장제 해결능력의 유지에도 효과를 나타내는지 확인하기 위해 교대 중재가 끝난 1주일 후부터 총 6회기에 걸쳐 유지검사를 실시하였다. 본 유지검사 단계에서는 대상 아동에게 특정 전략을 지정해 주고 반드시 사용하라는 지시를 하지 않은 채 그들의 문제풀이를 관찰하였다. 대상 나와 다 아동은 6회기 내내 두 전략 모두 사용하지 않은 채 문제를 해결한 반면, 대상 가 아동은 1차시와 2차시에는 숫자 바꾸기 전략을 100% 활용하여 문제를 풀었으며 점차 전략 사용의 빈도를 줄여가며 문제를 해결하였다. 유지검사 실시 결과, 대상 가·나·다 아동 모두 평균 80점 이상의 점수를 나타낸 것으로 확인되었다.

4) 논의 및 제언

(1) 중재 A(숫자 바꾸기)와 중재 B(구조 바꾸기)가 문장제 해결능력 향상에 미치는 효과 비교

본 연구 결과, 대상 아동 모두 문제 자체의 조절 전략인 숫자 바꾸기와 구조 바꾸기 방법을 적용함으로써 문장제 해결능력이 향상된 것으로 나타났다. 두 가지 중재 방법의 차이를 보면, 대상 아동 3명 모두 구조 바꾸기보다 숫자 바꾸기를 사용했을 때 점수가 더 크게 향상된 것으로 나타났으며, 향상 속도 또한 더 빠른 것을 확인하였다. 다음으로, 숫자 바꾸기만을 이용해 문장제를 해결하도록 하였을 때에도 대상 아동 모두 중재 비교 단계보다 수학 문장제 해결능력 검사의 점수가 향상된 것으로 나타났다. 따라서 본 연구 결과와 기존의 선행 연구 결과들을 종합해 보면, 숫자 바꾸기가 초등학교 수학 학습부진아의 문장제 해결능력 향상에 효과적인 것을 알 수 있다.

또한 숫자 바꾸기에 비해 구조 바꾸기의 효과가 상대적으로 적었던 이유를 분석해 보면, 문장 구조를 바꾸는 방법 자체가 수학 학습부진아에게는 또 다른 과제처럼 느껴져 심리적 부담으로 작용하였기 때문이라고 볼 수 있다. 따라서 복문 중심의 문장을 단문 중심으로 바꾸는 방법을 따라하는 데 어려움을 보였고, 문장을 옮겨 쓰는 것을 지루해하여 학습성취 또한 다소 저조하게 나타났다.

(2) 중재 B(구조 바꾸기)의 문장제 해결능력 유지에 미치는 효과

중재가 끝난 1주일 후 실시된 유지검사를 통해 문장제 해결능력이 유지된 것을 확인하였다. 특히 대상 아동의 문제풀이를 분석해 보았을 때 숫자 바꾸기 전략이나 구조 바꾸기 전략을 사용하지 않고서도 높은 문장제 해결 성취 수준을 보였다. 이와 같은 결과는 교사가 쉬운 문제를 제시한 것이 아니라 아동 스스로 복잡한 문제라도 쉽게 포기하지 않고 문제 자체를 바꾸어서 해결할 수 있는 전략을 지도하여 문장제 해결능력을 향상시켰다는 점에서 고무적이라고 할 수 있다.

본 유지검사의 제한점은 유지 기간이 1주일로 비교적 짧아, 더 오랜 시간 파지될 수 있는지 확인하지 못했다는 점이다.

문제 만들기 전략의 예시

문제 만들기 전략 수업 지도안

단원(제재)	4. 혼합연산		대상 학년	6학년
본시 주제	자연수, 소수, 분수의 혼합연산			
차시	○/9	활용 전략	문제 만들기 전략	
교수-학습 목표	– 수학 문장제 문제에서 문제 만들기 전략을 활용하여 자연수, 소수, 분수의 혼합연산을 할 수 있다.			

단계	학습 요소	교수-학습 활동	시간	자료(◎) 및 유의점(※)
문제 확인	선수 학습 상기	♣ **선수 학습 상기** ▷ 퀴즈를 통해 소수와 분수의 연산 복습하기 • 이 문제를 풀기 위해 어떤 조건을 찾아야 식을 세울 수 있을까요? – 소수와 분수 그리고 나눗셈입니다. • 찾아낸 조건으로 식을 세우고 답을 구해 봅시다.	6′	◎퀴즈 ppt
	동기 유발	♣ **학습 동기 유발하기** ▷ 시험문제는 어떻게 만들까? • 선생님은 여러분의 시험문제를 어떻게 만들까요? – 우리가 한 번도 풀어 보지 않은 문제로 최대한 어렵게 내요. – 책을 참고해서 비슷한 문제를 내요. • 선생님은 시험문제를 만들 때, 수업시간에 여러분과 함께 풀었던 문제를 참고하거나 교과서에 한 번도 나오지 않은 문제를 창작하기도 해요. 오늘은 여러분이 선생님이 되어 직접 시험문제를 만들어 볼 거예요.		◎ppt

		– 우와, 재밌을 것 같아요.		
	학습 문제 확인	❖ 학습 문제 확인하기 수학 문장제 문제에서 문제 만들기 전략을 활용하여 자연수, 소수, 분수의 혼합연산을 할 수 있다.		©ppt
	학습 활동 안내	〈활동 1〉 식을 세우기 위한 조건을 찾아보자! 〈활동 2〉 주어진 조건을 변경하여 나만의 문제 만들어 보기! 〈활동 3〉 조건도 내 맘대로! 수학문제 창작하기!		
문제해결 방법 탐색하기 및 문제해결 하기	활동 1 식을 세우기 위한 조건 찾기	❖ 〈활동 1〉 식을 세우기 위한 조건 찾기 ▷ 문제를 읽고, 식을 세우기 위해 필요한 조건을 모두 찾아보기 주연이는 체험학습에서 땅콩을 4.5kg 캤습니다. 이 땅콩을 $1\frac{1}{2}$kg씩 봉지에 나누어 담으려고 합니다. 봉지는 몇 개 필요합니까? • 식을 세우기 위해 필요한 조건을 모두 찾아 적어 봅시다. 　– 땅콩 4.5kg, 한 봉지 $1\frac{1}{2}$kg입니다. • (교사의 시범과 함께) 이 문제에서 주연이가 캔 땅콩은 4.5kg이고 한 봉지에 나눠 담을 땅콩은 $1\frac{1}{2}$kg이라고 합니다. 여기서 식을 세우기 위해 찾을 수 있는 수학적 조건은 '4.5'=소수이고, '$1\frac{1}{2}$'=분수, '나눠 담는다'=나눗셈입니다. 문제에서 포함하고 있는 수학적인 조건을 찾아 적어 보면 이 문제와 비슷한 문제를 만들 때 유용하게 응용할 수 있습니다. • 찾은 조건을 이용해 문제의 식을 세우고 답을 구해 봅시다. 　– $4.5 \div 1\frac{1}{2}$=3입니다.	10′	※직접 교수를 적용하여 식을 세우기 전에 찾아야 할 조건이 있음을 지도한다. ※진분수, 대분수에 유의하도록 한다. ※같은 조건을 활용하여 문제를 만드는 것은 숫자를 바꾸어 문제를 만드는 것으로 쉽게 설명할 수도 있다.

활동 2 주어진 조건 변경하여 문제 만들기	❖ 〈활동 2〉 주어진 조건을 변경하여 문제 만들기 ▷ 주어진 문제에서 식을 세우기 위해 필요한 조건을 찾고 같은 조건을 활용하여 비슷한 문제 만들어 보기 • 다음의 문제를 읽고 식을 세우기 위해 필요한 조건을 찾은 다음, 같은 조건을 활용하여 비슷한 문제를 만들어 봅시다. • 숫자를 바꾸거나 상황을 변형하면 조금 더 쉽게 비슷한 문제를 만들 수 있어요.	10′	◎학습지 1 ※식 세우기가 아닌 문제에서 주어진 조건을 정확하게 찾고, 그 조건을 활용하여 비슷한 문제를 만드는 데 초점을 맞추도록 한다.

> ㉠ 앞마당에 넓이가 $2\frac{2}{5}$ m²인 직사각형 모양의 텃밭을 만들려고 합니다. 텃밭의 세로가 1.2m라면 가로는 몇 m로 해야 합니까?

- 조건: $2\frac{2}{5}$ (분수), 1.2(소수), 직사각형 넓이 구하기(나눗셈)

- 식: $2\frac{2}{5} \div 1.2 = 2$

- 비슷한 문제 만들기: 넓이가 $3\frac{1}{2}$ m²인 직사각형 모양의 수영장이 있습니다. 수영장의 세로가 0.7m라면 가로는 몇 m로 해야 합니까?

- 식과 답: $3\frac{1}{2} \div 0.7 = 5$

활동 3 나만의 문제 창작하기	❖ 〈활동 3〉 나만의 문제 창작하기 ▷ 여러 가지 조건 중에 자신이 활용하고 싶은 조건을 선택하여 문장제 문제 만들기 • 학습지에 나열되어 있는 조건 중에 자신이 활용하고 싶은 조건을 선택하여 문장제 문제를 만들어 봅시다. • 문장제 문제는 일상생활에서의 경험을 수학적으로 적용하는 문제이기 때문에 상황에 맞춰 자연스럽게 문제를 만드는 것이 중요합니다.	10′	◎학습지 2

		▷ 평가하기 • 지금까지 만든 문제를 점검해 봅시다. 선택한 조건을 모두 적절하게 활용하였나요? 상황에 맞는 자연스러운 표현을 사용하였나요? 나는 올바른 문제를 만들었나요? ▷ 짝꿍과 서로 바꾸어 풀어 보기 • 짝꿍은 어떤 문제를 만들었는지 바꾸어 풀어 봅시다.		
적용 및 발전	학습 내용 정리 및 차시 예고	❖ 학습 활동 정리하기 ▷ 오늘 학습한 내용 정리하기 • 오늘 배운 내용은 무엇입니까? 　－ 문제에 포함된 수학적 조건을 찾고 그 조건을 활용하여 문장제 문제를 만들었어요. 　－ 내가 선택한 수학적 조건을 활용하여 문장제 문제를 만들었어요. • 문장제 문제를 직접 만들어 보니 어떤 느낌이 들었나요? 　－ 내가 선생님이 된 것처럼 여러 가지 문제를 만들어 보니 수학문제가 조금 더 친숙하게 다가왔어요. 　－ 마치 국어시간에 글짓기를 하는 것 같았어요.	3′	◎ppt
		❖ 차시 예고하기 • 다음 시간에는 소금물의 농도 구하기, 속도 구하기를 배워 봅시다.	1′	

❏ 본시 평가 계획

평가 내용	평가 시기	평가 방법
■ 자연수, 소수, 분수의 혼합연산을 적절하게 수행할 수 있는가?	활동 2, 활동 3	관찰 및 학습지

4
문제 만들기 전략 활동지

교과: 수학	단원(차시): **4. 혼합연산 (○/9)**
학년: 6-○	**자연수, 소수, 분수의 혼합연산**

초등학교
6 학년   반   번

활동지 1 **나만의 문제 만들기**

❏ 주어진 문제에서 식을 세우기 위해 필요한 조건을 모두 찾고, 같은 조건을 활용하여 비슷한 문제를 만들어 봅시다. 그리고 만든 문제를 풀어 봅시다.

1. 금 $3\frac{3}{4}$ g으로 금반지 한 개를 만든다면 금 75g으로는 금반지를 몇 개 만들 수 있습니까?

조건 찾기:

비슷한 문제 만들기:

2. 밭에 고추를 $4\frac{1}{5}$ m² 만큼 심었고 대추를 $1\frac{1}{2}$ m² 만큼 심었습니다. 고추를 심은 밭의 넓이는 대추를 심은 밭 넓이의 몇 배입니까?

조건 찾기:

비슷한 문제 만들기:

3. 인형 한 개를 만드는 데 $1\frac{3}{5}$ 시간이 걸립니다. 하루에 8시간씩 5일 동안 일한다면 인형을 몇 개 만들 수 있습니까?

조건 찾기:

비슷한 문제 만들기:

4. 은영이는 노란색 색테이프 $1\frac{3}{5}$ m를 가지고 있고 동생은 파란색 색테이프 3.2m를 가지고 있습니다. 노란색 색테이프 길이는 파란색 색테이프 길이의 몇 배입니까?

조건 찾기:

비슷한 문제 만들기:

교과: 수학	단원(차시):	**4. 혼합연산 (○/9)**
학년: 6-○		**자연수, 소수, 분수의 혼합연산**

초등학교
6 학년   반   번

활동지 2   나만의 문제 만들기

❑ 네모 박스에 나열되어 있는 수학적 조건 중에 활용하고 싶은 조건을 선택하여 나만의 문장제 문제를 만들어 봅시다.

〈수학적 조건〉
자연수, 분수, 소수, 덧셈, 곱셈, 나눗셈

세 가지 조건을 활용하여 문장제 문제 만들기		
조건 선택하기 ①	②	③
문제 만들기		

네 가지 조건을 활용하여 문장제 문제 만들기			
조건 선택하기 ①	②	③	④
문제 만들기			

5

문제 만들기 전략 평가지

교과: 수학	단원(차시):	4. 혼합연산 (○/9)	
학년: 6-○		자연수, 소수, 분수의 혼합연산	초등학교 6 학년 반 번

평가지 1   ## 나만의 문제 만들기

❑ 주어진 문제에서 식을 세우기 위해 필요한 조건을 모두 찾고, 같은 조건을 활용하여 비슷한 문제를 만들어 봅시다. 그리고 만든 문제를 풀어 봅시다.

1. 금 $3\frac{3}{4}$g으로 금반지 한 개를 만든다면 금 75g으로는 금반지를 몇 개 만들 수 있습니까?

조건 찾기: $3\frac{3}{4}$(분수), 75(자연수), 몇 개 만들 수 있습니까? (나눗셈)

비슷한 문제 만들기: 밀가루 $2\frac{2}{5}$g으로 빵 한 개를 만들 수 있다면 밀가루 36g으로 몇 개의 빵을 만들 수 있습니까? 식: $36÷2\frac{2}{5}=15$

2. 밭에 고추를 $4\frac{1}{5}$m²만큼 심었고 대추를 $1\frac{1}{2}$m²만큼 심었습니다. 고추를 심은 밭의 넓이는 대추를 심은 밭 넓이의 몇 배입니까?

조건 찾기: $4\frac{1}{5}$(분수), $1\frac{1}{2}$(분수), 몇 배입니까? (나눗셈)

비슷한 문제 만들기: 스케치북에 빨간색을 $4\frac{1}{4}$만큼 칠하고 파란색을 $\frac{5}{8}$만큼 칠했습니다. 빨간색을 칠한 넓이는 파란색을 칠한 넓이의 몇 배 입니까? 식: $4\frac{1}{4}÷\frac{5}{8}=\frac{34}{5}$

3. 인형 한 개를 만드는 데 $1\frac{3}{5}$시간이 걸립니다. 하루에 8시간씩 5일 동안 일한다면 인형을 몇 개 만들 수 있습니까?

조건 찾기: $1\frac{3}{5}$(분수), 8과 5(자연수), 8시간씩 5일(곱셈), 몇 개 만들 수 있습니까? (나눗셈)

비슷한 문제 만들기: 장난감 자동차 1대를 만드는 데 $1\frac{1}{2}$시간이 걸립니다. 하루에 9시간씩 6일 동안 만든다면 장난감 자동차를 몇 대 만들 수 있습니까? 식: $(9×6)÷1\frac{1}{2}=36$

4. 은영이는 노란색 색테이프 $1\frac{3}{5}$m를 가지고 있고 동생은 파란색 색테이프 3.2m를 가지고 있습니다. 노란색 색테이프 길이는 파란색 색테이프 길이의 몇 배입니까?

조건 찾기: $1\frac{3}{5}$(분수), 3.2(소수), 몇 배입니까?(곱셈)

비슷한 문제 만들기: 은주는 $4\frac{1}{4}$ml를, 성희는 2.4ml를, 재은이는 3.1ml의 우유를 가지고 있습니다. 세 사람이 모두 똑같이 나누어 마시려면 몇 ml씩 나누어야 합니까? 식: $(4\frac{1}{4}+2.4+3.1)÷3=3.25$

교과: 수학	단원(차시):	4. 혼합연산 (○/9)	
학년: 6-○		자연수, 소수, 분수의 혼합연산	초등학교 6 학년 반 번

평가지 2 · 나만의 문제 만들기

□ 네모 박스에 나열되어 있는 수학적 조건 중에 활용하고 싶은 조건을 선택하여 나만의 문장제 문제를 만들어 봅시다.

〈수학적 조건〉

자연수, 분수, 소수, 덧셈, 곱셈, 나눗셈

세 가지 조건을 활용하여 문장제 문제 만들기

조건 선택하기: ① 소수　　　② 덧셈　　　③ 곱셈

문제 만들기: 부적절한 예) 장미 꽃 3.2 송이와 국화꽃 4.5송이로 꽃다발을 만들어 5명의 친구들에게 선물하려면 전체 꽃은 몇 송이가 필요합니까?

　　　　→ 꽃 3.2송이는 실생활에서 쓰이는 단위가 아니므로 적절한 적용이 아님.

　　　　모범 답안) 철수는 100m 달리기를 12.5초에 뛰고 윗몸 일으키기 열 번을 42.1초에 할 수 있습니다. 철수가 100m 달리기와 윗몸 일으키기를 각각 세 번씩 하는 데 걸리는 시간은 몇 초입니까?

네 가지 조건을 활용하여 문장제 문제 만들기

조건 선택하기: ① 분수　　　② 소수　　　③ 덧셈　　　④ 나눗셈

문제 만들기: 부적절한 예) 가로 $2\frac{2}{5}$cm, 세로 5.3cm인 삼각형의 넓이는 얼마입니까?

　　　　→ 삼각형의 넓이 공식은 (가로×세로)÷2로 덧셈 조건이 활용되지 않았음.

　　　　모범 답안) 태연이는 7.75kg의 고구마를 캤고 재훈이는 $4\frac{1}{4}$kg의 고구마를 캤습니다. 태연이와 재훈이가 캔 고구마를 바구니 7개에 똑같이 나누어 담으려면 한 바구니에 몇 kg씩 담아야 합니까?

제**5**장

수학일지 전략

수학일지 전략의 소개

수학일지 쓰기는 과학 과목에서 실험일지를 쓰는 것을 떠올리면 이해하기 쉽다. 실험일지는 실험을 계획하는 단계부터 진행하는 과정까지 빠짐없이 기록하는 것으로, 우리는 실험일지를 통해 이 실험이 어떻게 진행되었으며 어떤 부분에서 무슨 실수가 발생하였는지를 한눈에 살펴볼 수 있다. 이와 마찬가지로 수학문제를 풀면서 문제풀이 과정이나 풀면서 느낀 어려운 점 혹은 새롭게 알게 된 점 등을 적는 수학일지 쓰기 활동은 교사가 학생의 이해 수준을 파악하는 데 도움을 주며 학생은 자신의 수학 문장제 개념 및 풀이를 점검해 볼 수 있다.

수학일지 쓰기란 교사와 학생의 수학적 의사소통의 통로라고 볼 수 있다. 여기서 수학적 의사소통이란 수학 내용을 읽고 쓰고 말하는 일련의 과정을 통해서 내용을 바르게 해석하고 이해하여 타인에게 자신이 이해한 내용을 정확하게 전달할 수 있는 능력을 말한다(이정은, 2010). 이러한 수학적 의사소통은 수학문제를 단순히 푸는 것에 중점을 두는 것이 아니라 수학문제에서 요구하는 개념을 이해하고 문제풀이 방법을 정확하게 숙지하고 있을 때 가능하다. 수학적 의사소통은 왜 중요할까? 수학적 의사소통이 원활하게 이루어지는 수업은 학생에게 스스로 자신의 수학적 사고과정을 되짚어 보는 기회를 주기 때문에 자기주도적 학습이 가능하고, 교사들은 학생의 수준을 정확하게 파악할 수 있어 수준에 맞는 교수를 제공할 수 있다. 특히 수학 문장제의 경우, 학생들이 문제를 바르게 이해하는 것뿐만 아니라 문제에 대한 이해를 바탕으로 식을 세우기까지의 과정에서 많은 실수를 범하기 때문에 연산 방법 혹은 문제풀이 방법이 익숙한 학생일지라도 수학 문장제 풀이에 어려움을 느끼는 경우가 많다. 반면에 언어적 이해능력이 뛰어난 학생들은 수학 문장제 문제를 이해하는 것에는 어려움을 보이지 않지만, 식을 세우거나 연산을 행하는 것에 곤란을 겪는 경우도 있다. 즉, 수학 문장제를 풀면서 어떤 부분에서 어려움을 느끼는지 알기 위해서는 학생과 교사의 수학적 의사소통이 반드시 필요하다. 수학적 의사소통에는 읽기, 말하기, 쓰기 등의 여러 가지 수단이 활용되고 있는데, 특히 쓰기를 통한 의사소통은 말로 표현하기 힘든 부분을 글로 표현할 수 있기 때문에 개념적인 이해와 연결성의 측면에서 매우 탐구적이며 교사와 학생이 단순히 풀이과정을 공유하는 것이 아닌 정의적인 부분까지 공유할 수 있다는 장점이 있다(구윤숙, 2002).

다시 말해, 수학일지 쓰기는 수학문제를 풀면서 느끼는 생각이나 새로 깨닫게 된 지식 혹은 더 알고 싶은 지식 등에 대해서 자유롭게 일기를 쓰듯이 표현하는 것(허양원, 2007)이므로 학생은 수학일지를 쓰면서 학습한 내용을 한 번 더 떠올려 보고 자신만의 표현으로 재정의하는 과정을 통해 학습된 내용을 명료화시킬 수 있다. 또 교사는 학생의 수학일지를 통해 학생의 이해 수준을 파악할 수 있고 어느 부분에서 어려움을 겪고 있는지 쉽게 찾아낼 수 있다. 그리고 수학 과목을 어려워하거나 수학 문장제에 거부감이 있는 학생들에게 수학 문장제 문제를 풀면서 가진 느낌이나 생각을 수학적 사고를 덧붙여 적어 보도록 하는 것은 그들이 수학을 조금 더 친숙하게 느낄 수 있도록 도울 수 있으며 학습에 대한 동기를 불러일으키는 계기가 될 수 있다. 더욱이 수학일지에 교사의 긍정적인 피드백이 더해진다면 교사와 학생 사이의 관계도 개선될 수 있다(박명진, 2007).

이처럼 수학일지 전략이 학생들의 학업 증진과 수학적 태도 개선에 긍정적인 영향을 미친다는 연구 결과가 꾸준히 발표되고 있다. 먼저, 초등학생 6명을 대상으로 실시한 한 연구에서는 수학일지 쓰기 활동과 교사의 피드백이 수학 학업성취도와 수학적 태도에서 유의미한 정적 변화를 보였음을 보고하였고(최인숙, 1998), 마찬가지로 초등학생을 대상으로 한 다른 연구에서는(정은경, 2000) 수학일지 쓰기 활동 실시를 통해 학생이 수학을 어떻게 생각하는지 파악하고 긍정적인 방향으로 유도할 수 있었으며, 수학일지에 적힌 내용을 토대로 학생의 오류를 파악하여 즉각적인 피드백을 줄 수 있었음을 나타낸 바 있다. 또한 수학일지 쓰기 활동은 학생들이 수학적 지식을 스스로 획득하고 확장시켜 구성해 나가는 능력을 기를 수 있으며 문제해결력을 구사하는 과정에서 적극적인 참여를 이끌 수도 있다(연영만, 2004). 수학 문장제와 수학일지 쓰기 활동의 연관성에 대해 발표한 연구에서는 일지 쓰기 활동이 학생들의 수학적 자신감을 향상시키고 학습 내용을 복습하고 반성하는 데 도움을 주기 때문에 수학에 대한 자신감과 성취동기 및 주의집중력이 상승하는 효과가 있다고 밝혔다(박명진, 2007). 마지막으로, 학습부진 학생들을 대상으로 실시한 연구에서는 수학일지 쓰기 활동에서 교사의 즉각적이고 정확한 피드백이 매우 효과적으로 작용하여 학생들의 학업성취를 상승시켰고 교사 역시 학생들의 수업에 대한 생각을 읽을 수 있어 수업 준비에 도움이 되었다는 연구 결과를 보고하였다(이인태, 2008).

앞서 밝혀진 연구 결과에서 알 수 있듯이 수학 학습부진 혹은 수학 학습장애를 가진 학생을 포함하여 수학에 어려움을 보이는 학생들에게 수학일지 쓰기 활동은 여러 측면에서 이점을 가지고 있다. 첫 번째, 수학에 대한 흥미와 관심을 유도하여 수학에 대한 친밀감을 높일 수 있다. 수학일지 쓰기는 자신의 감정이나 느낌, 생각을 있는 그대로 여과 없이 적고 교사의 피드백을 통해 보완해 나가는 활동이므로 학생들이 부담 없이 시작하고 쉽게 흥미를 느끼며 학생들의 능동적이고 능률적인 학습태도에도 긍정적인 영향을 줄 수 있다. 두 번째, 학생은 수학문제 혹은 문장제 문제를 푸는 과정을 일지에 적는 과정을 통해 자신의 문제풀이법을 점검해 보는 기회를 가질 수 있다. 이는 수학일지에 문제를 적고 자신의 풀이법을 적은 후 올바른 풀이법과 비교해 보는 것으로, 이 과정은 많은 학생들이 흔히 활용하는 오답노트와 그 효과가 매우 흡사하여 학생들의 수학성취도 향상과 매우 높은 상관을 가진다. 세 번째, 학생들의 수학일지를 통해 교사는 학생의 수준을 정확하게 파악할 수 있으며 학생의 개별적인 교육적 요구에 맞춘 피드백을 제공할 수 있다. 수학 문장제의 경우, 학생들의 풀이과정을 유심히 들여다보지 않는 한 학생이 범한 오류를 찾아내는 것이 어렵기 때문에 수학일지를 살펴보는 것은 교사에게 유용한 교수적 팁을 제공해 준다. 또한 피드백을 주는 과정에서 학생들은 교사와의 정서적 교류를 느낄 수 있으므로 관계 개선에도 매우 긍정적인 효과가 있다.

참고문헌

구윤숙(2002). 수학일지 쓰기가 학습장애 아동의 수학 문장제 문제해결과 자기효능감에 미치는 영향. 인천교육대학교 교육대학원 석사학위논문.

박명진(2007). 수학일지 쓰기 활동이 문장제 해결력 신장에 미치는 효과. 광주교육대학교 교육대학원 석사학위논문.

연영만(2004). 수학적 의사소통능력 신장을 위한 수학일지 쓰기 지도방안. 경인교육대학교 교육대학원 석사학위논문.

이인태(2008). 수학일지 쓰기를 통한 피드백교육이 학습부진 학생들의 학업성취도에 미치는 영향. 경상대학교 교육대학원 석사학위논문.

이정은(2010). 수학 학습부진아 지도방안으로써 수학일지 쓰기. 고려대학교 교육대학원 석사학위논문.

정은경(2000). 초등학교 수학교실에서 수학쓰기 활동의 지도방안에 관한 연구. 인천교육대학교 교육대학원 석사학위논문.

최인숙(1998). 수학 학습과정에서 일지 쓰기의 효과에 관한 연구. 이화여자대학교 교육대학원 석사학위논문.

허양원(2007). 수학일지 쓰기 활동이 수학 학습성취도 및 학습태도에 미치는 효과. 진주교육대학교 교육대학원 석사학위논문.

수학일지 전략의 효과성

수학일지 쓰기 활동이 문장제 해결력 신장에 미치는 효과[11]

1) 연구 방법

본 연구는 문헌 연구를 통해 얻은 지식을 바탕으로 문장제 해결능력 신장에 적절하다고 생각되는 일지의 틀을 구안하고 연구반의 수학수업에 일지 쓰기를 적용하여 이 활동이 문장제 문제해결력에 어떤 영향을 미쳤는지 분석하기 위한 것이다. 일반적으로 교과서의 수학 익힘책에 나온 문장제 문제해결 시에 일지 쓰기를 활용하였다.

(1) 연구 대상

본 연구는 광주광역시 광산구에 위치한 W초등학교 6학년 남자 20명, 여자 14명의 34명을 대상으로 10주 동안 실시하였으며, 아동의 학력 수준과 가정의 사회경제적 수준은 중위권에 해당된다.

(2) 검사 도구

① 사전 수학 학습능력 검사

일지 쓰기 활동 적용에 앞서 학생들의 수학 학습능력을 평가하기 위한 검사로, 검사문항은 한국교육과정평가원에서 출제한 국가 수준 학업성취도평가를 참고하고, Polya의 4단계 문제해결 전략인 문제의 이해, 풀이의 계획, 계획의 실행, 반성 단계를 확인할 수 있도록 문제의 형식을 변형하여 검사지를 작성하였다. 검사지의 채점은 Charles, Lester와 O'Daffer의 채점 기준을 참고하였으며 그 내용은 〈표 5-1〉과 같다.

---

11) 박명진(2007). 수학일지 쓰기 활동이 문장제 해결력 신장에 미치는 효과. 광주교육대학교 교육대학원 석사학위논문.

〈표 5-1〉 사전 학습 검사지 채점 기준

평가 항목	0	1	2
문제의 이해	답안 작성을 하지 않은 경우나 문제를 완전히 잘못 이해한 경우	문제의 일부를 잘못 이해하였거나 잘못 해석한 경우	문제를 완전히 이해한 경우
풀이의 계획	답안 작성을 하지 않은 경우나 부적절한 계획을 세운 경우	문제의 일부를 옳게 해석하여 부분적으로 옳은 계획을 세운 경우	적절히 실행되기만 하면 정답을 이끌어 낼 수 있는 계획을 세운 경우
계획의 실행	답안 작성을 하지 않은 경우나 계획이 부적절하여 오답을 작성한 경우	답을 잘못 옮겨 썼거나 계산 과정의 약간의 오류 또는 답이 여러 개인 문제에서 답의 일부만 썼을 경우	계획을 바르게 실행하여 정답을 구했을 경우
반성	답안 작성을 하지 않은 경우나 부적절한 검산식을 세운 경우	검산식의 일부를 빼고 작성했을 경우	바른 검산식을 사용하여 정답의 여부를 올바르게 판단한 경우

② 사전 수학적 태도 검사

일지 쓰기 활동 적용에 앞서 학생들이 보이는 수학적 태도를 평가하기 위한 검사로, 한국교육개발원(1992)이 개발한 수학과에 대한 학습태도 검사지를 활용하였다. 이 검사는 교과에 대한 자아개념, 교과에 대한 태도, 교과에 대한 학습 습관에 대한 문항을 포함하고 있으며, 총 40문항으로 구성되어 있다. 각 물음에 대한 응답지는 5단계 평정척도로 구성되었다.

'교과에 대한 자아개념'은 자신의 학업에 대해 어떻게 지각하고 평가하는지, 학업 면에서 얼마나 긍정적 또는 부정적 자아가 형성되었는지를 측정하기 위한 것이며, '교과에 대한 태도'는 교과에 흥미를 갖고 있는지, 목적의식이 투철하고 학습 동기가 강한지를 알아보기 위한 것이다. 마지막으로 '교과에 대한 학습 습관'은 학습할 때 취하는 일관된 행동양식을 알아보기 위한 것이다. 수학과에 대한 학습태도 검사의 하위요인은 〈표 5-2〉와 같다.

〈표 5-2〉 수학과에 대한 학습태도 검사의 하위요인

차 원	하위요인	문항수
교과에 대한 자아개념	우월감 - 열등감	10
	자신감 - 자신감 상실	
교과에 대한 태도	홍미 - 홍미 상실	15
	목적의식 - 목적의식 상실	
	성취동기 - 성취동기 상실	
교과에 대한 학습 습관	주의집중	15
	자율학습(능동적)	
	학습기술 적용(능률적)	

③ 사후 수학 학습능력 검사

사후 수학 학습능력 검사는 일지 쓰기 활동이 문장제 해결능력 신장에 미치는 영향을 알아보기 위한 검사로, 일지 쓰기 훈련을 실시한 후 검사를 실시하여 사전 수학 학습능력 검사와 비교를 통해 문장제 문제해결력 신장 정도를 측정한다. 본 검사의 검사지는 사전 수학 학습능력 검사와 동일한 절차를 통해 개발, 사용되었다.

④ 사후 수학적 태도 검사

사후 수학적 태도 검사는 일지 쓰기 활동이 학생들의 수학적 태도에 미치는 영향을 알아보기 위한 검사로, 일지 쓰기 활동을 실시한 후에 검사가 진행된다. 본 검사를 통해 얻어진 결과는 사전 수학 학습능력 검사와 비교하여 그 효과를 측정하며, 본 검사에서 사용된 검사지는 사전 수학적 태도 검사의 검사지와 동일하다.

⑤ 수학일지 쓰기학습에 대한 학습반응검사

일지 쓰기 활동에 대한 학생들의 반응을 알아보기 위해 연영만(2004)의 '수학일지 학습에 대한 학생 반응검사'를 재구성하여 설문을 제작하였으며, 일지 쓰기 활동에 참여한 모든 학생을 대상으로 설문조사를 실시하였다.

2) 연구 절차

본 연구는 수학과에서 문장제 문제해결력 신장을 위한 방안으로 학생들에게 일지 쓰기를 적용하고 그 효과를 알아보기 위해 6학년 학생 34명을 대상으로 2006년 9월부터 11월 둘째 주까지 10주간 일지 쓰기를 실행하였고, 연구자가 구안한 수학일지 양식을 활용한 쓰기 결과물을 수합하고 수학 학습능력 검사와 태도검사 그리고 일지 쓰기 학습에 대한 반응검사를 실시한 다음 이를 분석하였다.

본 연구자는 제7차 수학교육과정의 6학년 과정 중 연구 기간에 해당하는 단원을 분석하여 일지 쓰기에 적절한 문장제 문항을 선별하였다. 교과서 분석 내용은 〈표 5-3〉과 같다. 선별한 교과서의 문장제 문제 중 수학교과서는 수업시간에 다루고 수학 익힘책에 있는 문장제 문제를 주로 일지 쓰기 활동에 적용하였는데, 적절한 수준의 문제가 없을 경우 외부의 문제를 선별하여 일지 쓰기 활동에 투입하였다. 2단원은 입체도형의 전개도에 관련된 내용의 문장제를 찾을 수 없어 일지 쓰기 활동에서 제외하고 그 밖의 다른 단원에만 일지 쓰기 활동을 실시하였다.

〈표 5-3〉 교과서 분석 내용

단계	단원	차시	학습 내용	문장제 문장 유무(개)		쓰기 활동 적용 여부
				수학	수익	
6-나	1. 분수의 나눗셈	1/9	분모가 같은 진분수의 나눗셈 알아보기	1	0	×
		2/9	분모가 다른 진분수의 나눗셈 알아보기	0	1	×
		3/9	(자연수)÷(진분수) 알아보기	1	2	○
		4/9	가분수 나눗셈 알아보기	0	1	×
		5/9	대분수 나눗셈 알아보기	0	3	○
		6/9	(자연수)÷(단위분수) 알아보기	0	1	○(외부)
		7/9	간편한 분수의 나눗셈 방법 알아보기	1	0	×
		8/9	문제해결	2	×	○(2회)
		9/9	수준별 학습	×	2/0/5	○(2회)

		1/8	원기둥 알아보기	0	0	×
		2/8	원기둥의 전개도 알아보기	0	0	×
		3/8	원뿔 알아보기	0	0	×
	2. 입체도형	4/8	회전체 알아보기	0	0	×
		5/8	회전체를 평면으로 잘라 보기	0	0	×
		6/8	문제해결	0	0	×
		7~8/8	수준별 학습	0	0	×
6-나	3. 소수의 나눗셈	1/8	(소수 두 자리 수)÷(소수 한 자리 수)의 나눗셈	1	3	○
		2/8	(소수 두 자리 수)÷(소수 두 자리 수)의 나눗셈	1	0	×
		3/8	(소수 두 자리 수)÷(소수 한 자리 수)의 나눗셈 (소수 세 자리 수)÷(소수 두 자리 수)의 나눗셈	1	1	○
		4/8	(자연수)÷(소수)의 나눗셈	1	1	○
		5/8	소수의 나눗셈에서 몫과 나머지 알아보기	1	3	○
		6/8	몫을 반올림하여 소수 첫째 자리까지 구하기	2	3	○
		7/8	문제해결	0	×	×
		8/8	수준별 학습	2	3/0/2	○
	4. 원과 원기둥	1/7	원주와 원주율 알아보기	0	2	○
		2/7	원의 넓이 구하기	0	0	×
		3/7	원기둥의 겉넓이 구하기	0	1	×
		4/7	원기둥의 부피 구하기	0	0	○(외부)
		5/7	문제해결	0	×	×
		6~7/7	수준별 학습	1	0/0/2	○

3) 연구 결과

(1) 수학 학습능력 검사 결과

수학 학습능력 검사는 총 4개의 문항으로 이루어져 있으며 각각의 문항은 문제의 이해, 풀이의 계획, 계획의 실행, 반성 단계를 파악할 수 있도록 세분화되어 있다. 각 단계는 1문제당 2점 만점인 분석적 채점 방식을 이용하여 단계별로 평점을 구하였다. 사전·사후 평가는 〈표 5-4〉와 같으며, 대부분의 학생이 문제를 이해하고 내용을 파악하는 단계는 잘 실행하고 있었다. 그러나 일지 쓰기 활동을 적용하기 전에 실시한 사전 수학 학습능력 검사 결과에 따르면 풀이의 계획 단계는 현저하게 점수가 떨어졌으며 그 이후의 계획의 실행과 반성 단계 또한 낮은 점수를 얻는 것을 확인할 수 있었다.

일지 쓰기 활동을 적용한 후에는 풀이의 계획 단계의 해결 수준이 5.01에서 6.15로 월등히 상승한 것을 볼 수 있으며, 계획의 실행 단계도 4.79점에서 5.71점, 반성 단계 또한 3.62점에서 4.21점으로 상승한 것을 확인할 수 있다. 일지 쓰기 활동 후에 학생들의 문제해결력이 전반적으로 긍정적인 변화가 나타났음을 확인할 수 있다.

〈표 5-4〉 사전·사후 수학 학습능력 검사 결과 비교

단계	문제의 이해	풀이의 계획	계획의 실행	반성
사전 평가 총점	260	174	163	123
사후 평가 총점	262	209	194	143
사전 평균(8점 만점)	7.65	5.01	4.79	3.62
사후 평균(8점 만점)	7.71	6.15	5.71	4.21

(2) 수학 학습태도 검사 결과

수학 학습태도 검사는 일지 쓰기 수업 적용 전후의 실험집단의 우월감, 자신감, 흥미도, 목적의식, 성취동기 등을 알아보기 위한 검사다. 학습태도 검사지의 내용은 전체 40문항을 수학적 성향이 비슷한 내용끼리 5문항씩 묶어 모두 여덟 가지 영역으로 나누고, 차례로 우월감, 자신감, 흥미도, 목적의식, 성취동기, 주의집중력, 능동적 학습태도, 능률적 학습태도로 구분하였다.

우월감과 자신감은 교과에 대한 자아개념 영역으로, 흥미도와 목적의식, 성취동기는 교과에 대한 태도 영역으로, 주의집중력과 능동적 학습태도, 능률적 학습태도는

교과에 대한 학습 습관 영역으로 다시 분류하였다.

점수 환산은 긍정형 문항에서는 '항상 그렇다'에 5점, '대체로 그렇다'에 4점, '보통이다'에 3점, '대체로 그렇지 않다'에 2점, '전혀 그렇지 않다'에 1점씩 배점하고, 부정형 문항은 긍정형의 점수 환산과 반대로 배점하여 점수를 구한 후 spss로 t검증을 실시한 결과는 〈표 5-5〉와 같다.

〈표 5-5〉 사전·사후 수학 학습태도 검사 결과 비교

영역	구분	학생 수	평균	표준편차	t	p
우월감	사전	34	14.71	3.62	0.863	0.391
	사후	34	15.62	4.97		
자신감	사전	34	16.09	3.65	2.15*	0.035
	사후	34	18.24	4.53		
흥미도	사전	34	14.79	5.63	1.364	0.177
	사후	34	16.52	4.86		
목적의식	사전	34	17.71	3.89	1.788	0.078
	사후	34	19.32	3.56		
성취동기	사전	34	17.24	2.84	2.06*	0.043
	사후	34	18.91	3.80		
주의 집중력	사전	34	14.26	3.31	2.508*	0.015
	사후	34	16.24	3.16		
능동적 학습태도	사전	34	13.53	4.02	0.723	0.472
	사후	34	14.26	4.36		
능률적 학습태도	사진	34	14.97	3.45	0.667	0.507
	사후	34	15.61	4.48		

* $p < .05$

사전 · 사후 수학 학습태도 검사 결과 우월감, 흥미도, 목적의식, 능동적 학습태도, 능률적 학습태도에 대해서는 유의 수준 5%에서 통계적으로 유의미한 차이를 보이지 않았다. 그러나 자신감, 성취동기, 주의집중력에 대해서는 유의미한 차이를 보이고 있는 것으로 나타났다.

(3) 수학일지 쓰기학습에 대한 학습반응검사 결과

수학일지 쓰기에 대한 학생들의 느낌과 반응을 알아보기 위해 실시한 수학일지 쓰기학습에 대한 반응검사를 실시하였다. 총 10개의 문항으로 이루어진 검사지에 대부분의 학생들이 긍정적인 반응을 하였으며, 각 문항에 대한 구체적인 결과는 〈표 5-6〉과 같다.

〈표 5-6〉일지 쓰기 학습반응검사 결과

반응 문항 번호	매우 그렇다		그렇다		보통이다		그렇지 않다		전혀 그렇지 않다		계
	학생 수	비율	학생 수	비율	학생 수	비율	학생 수	비율	학생 수	비율	
1	8	24	6	47	6	18	1	3	3	9	34
2	5	15	7	21	7	21	8	24	7	21	34
3	9	26	4	53	4	12	2	6	1	3	34
4	12	35	8	24	8	24	3	9	3	9	34
5	18	53	2	26	2	6	3	9	2	6	34
6	10	29	4	32	4	12	5	15	4	12	34
7	16	47	2	29	2	6	5	15	1	3	34
8	14	41	6	26	6	18	3	9	2	6	34
9	12	35	5	29	5	15	4	12	3	9	34

수학일지 쓰기가 수학 공부에 도움이 되느냐는 질문에 71%의 학생이 도움이 된다고 대답하였으며, 일지 쓰기가 수학에 대한 자신감을 키우는 데 도움이 되느냐는 질문에 79%의 학생이 그렇다고 대답하였다. 이것으로 일지 쓰기가 학생들에게 자신감

을 키우고 학습에 어느 정도 도움이 된다는 결론을 이끌어 낼 수 있었다.

수학일지 쓰기를 통해 선생님과 개인적으로 대화를 했다고 생각하느냐는 질문에는 59%의 학생이 그렇다고 대답하였으며, 돌려받은 일지를 꼭 확인한다는 학생도 79%에 달하여 일지 쓰기에 대한 학생들의 관심도가 매우 높음을 확인할 수 있었다.

수학일지 쓰기를 통해 학습한 내용을 정리하고 반성하는 데 도움이 되느냐는 질문에 61%의 학생이 긍정적인 반응을 보였으며, 문제풀이할 때 더 다양한 방법으로 문제를 해결하려고 노력한다고 76%의 학생이 응답하였고, 잘못 알고 있었던 수학적인 지식에 대하여 바르게 고쳐 아는 데 도움이 되었다고 생각한 학생도 67%에 달하였다.

수학일지 쓰기를 할 때 친구의 방법과 비교해 보는 활동이 문제를 해결하는 데 도움이 되었다고 64%의 학생이 응답하여 일지 쓰기를 할 때 친구와의 의사소통 활동이 활발히 이루어졌음을 확인할 수 있었다.

그러나 일지 쓰기 활동에 부담을 느끼는 학생의 비율도 36%에 달하여 일지 쓰기의 부담을 줄여 주기 위한 활동이 필요함을 알 수 있었다.

마지막으로 수학일지 쓰기를 하면서 느낀 점에 대해서는 다음과 같은 응답이 있었다.

- 문제를 이해하는 능력이 길러지니까 좋다. 그렇지만 매일 하게 된다면 좀 부담스러울 것도 같다.
- 어렵긴 했지만 여러 가지 방법으로 문제를 풀어 볼 수 있어서 좋았다.
- 친구와 함께 일지를 비교해 보는 것도 좋았고 선생님께서 일지를 검사해 나누어 주실 때 잘못된 점, 잘된 점을 써 주셔서 참 좋았다.
- 쓰는 것은 귀찮지만 다시 한 번 복습하는 기회를 가질 수 있어서 좋았다.
- 알았던 것을 복습할 수도 있고 스스로 좋은 방법을 찾을 수도 있어서 좋았다.
- 수학 과목에서만 일지를 쓰는 것이 좀 아쉬웠다. 다른 과목도 일지 쓰기가 있으면 좋겠다.

이상의 결과를 종합해 보면, 학생들이 일지 쓰기 활동에 약간의 부담을 느끼기는 하나 일지 쓰기의 장점을 알고 수학 과목에서뿐만 아니라 다른 과목에도 확장하고 싶을 정도로 흥미 있어 한다는 것을 알 수 있다.

참고문헌

연영만(2004). 수학적 의사소통능력 신장을 위한 수학일지 쓰기 지도방안. 경인교육대학교
    교육대학원 석사학위논문.

Polya, G. (1999). 어떻게 문제를 풀 것인가. 서울: (주)천재교육.

2

오답노트 전략이 수학 학습장애 중학생의 곱셈과 나눗셈 문장제 문제해결력에 미치는 효과[12]

1) 연구 방법

(1) 연구 대상

본 연구의 대상 학생은 부산 동래구에 소재한 S중학교에 재학 중인 학생 중 초·중학교 때 특수교육운영위원회를 거쳐 학습장애로 진단받은 여학생 3명을 선정하였다. 학생들은 중학교 신입생 성취도 검사에서 하위 5%에 속하며, 지능검사를 실시한 결과 평균이 75 이상에 해당되었다. 또한 KISE-BAAT(국립특수교육원 기초학력검사) 수학검사 결과 최고 -2 표준편차 이하, 즉 학력지수가 69점 이하로 나타나는 학력 수준을 보였다. 대상 학생은 정신지체, 정서·행동장애, 감각장애 등의 다른 장애나 가정불화, 폭력, 학교생활 부적응의 문제가 없는 학생으로 제한하였다.

대상 학생들의 구체적인 특성은 〈표 5-7〉과 같다.

〈표 5-7〉 연구 대상 학생의 특성

	대상 A	대상 B	대상 C
학년(성별)	3(여)	2(여)	2(여)
생활연령	14세 4개월	14세 1개월	13세 7개월
K-WISC-III (언어 IQ/동작 IQ/전체 IQ)	80/85/80	82/78/77	79/86/80
KISE-BAAT 지수 (읽기)	백분위 점수-73%ile	백분위 점수-17%ile	백분위 점수-82%ile
	학력지수-105	학력지수-96	학력지수-103

---

12) 이지현(2012). 오답노트 전략이 수학 학습장애 중학생의 곱셈과 나눗셈 문장제 문제해결력에 미치는 효과. 부산대학교 대학원 석사학위논문.

KISE-BAAT 지수 (수학)	백분위 점수-5%ile	백분위 점수-4%ile	백분위 점수-4%ile
	학력지수-68	학력지수-66	학력지수-69
수학 관련 학업 수준	- 받아올림이 없는 두 소수의 덧셈과 분모가 같은 분수의 뺄셈을 할 수 있다. - 네 자리 수와 두 자리 수의 곱셈을 할 수 있으며, 두 자리 수와 두 자리 수의 나눗셈을 할 수 있다. - 덧셈이나 뺄셈을 이용하는 문장을 해결할 수 있다.	- 받아올림이 있는 덧셈과 분모가 같은 분수의 뺄셈을 할 수 있다. - 세 수의 곱셈을 할 수 있으며, 두 자리 수와 두 자리 수의 나눗셈을 할 수 있다. - 뺄셈과 덧셈을 요구하는 문장제를 해결할 수 있다.	- 받아올림이 있는 덧셈을 할 수 있고, 받아내림이 세 번 있는 뺄셈을 할 수 있다. - 네 자리 수와 두 자리 수의 곱셈을 할 수 있으며, 세 자리 수와 두 자리 수의 나눗셈을 할 수 있다. - 뺄셈과 덧셈을 요구하는 문장제를 해결할 수 있다.
가정환경	- 어머니, 오빠와 함께 살고 있다. - 방학 중에는 공부방을 다니나, 학기 중에는 학원을 다니지 않는다.	- 쌍둥이 언니와 동생이 있으며, 부모는 학생의 학교생활과 교육에 관심이 많다. - 방과 후에 심리, 요리, 국어, 영어 학원을 다닌다.	- 동생이 2명 있으며, 학생의 교육에 관한 부모의 관심은 보통 수준이다. - 방과 후에 공부방을 다니고 있다.

(2) 검사 도구

① 지능검사

본 연구에서 사용한 지능검사 도구는 한국교육개발원에서 제작하고 표준화한 K-WISC-III(Korean-Wechsler Intelligence Scale for Children-III; 곽금주 외, 2001) 평가 도구를 사용하였다. K-WISC-III는 언어성 지능과 동작성 지능을 검사하여 나온 점수를 산출하여 전체 지능을 측정하였다. 언어성과 동작성 지능에 포함되는 소검사와 척도별 연령에 따른 신뢰도 계수는 .51~.92에 포함되었다.

② 기초학력진단검사

기초학력을 측정할 수 있는 KISE-BAAT(Korea Institute for Special Education-

Basic Academic Achievement Test; 박경숙 외, 2004)의 읽기 · 수학검사를 실시하여 학생의 국어와 수학에서의 부진을 파악하였다. KISE-BAAT 검사의 신뢰도는 상관계수 .69~.99까지 분포되어 있다.

③ 수학 학습 수준 평가

문장제 문제 검사의 난이도를 결정하기 위해 대상 학생의 현행 수준을 평가해야 한다. 수학 학습 수준 평가는 현행 교육과정 초등학교 3, 4학년 수학교과서와 수학익힘책 문제를 참고하여 대상 학생의 곱셈과 나눗셈의 연산 수행 수준을 측정하였다.

대상 학생 A와 대상 학생 C의 곱셈 연산 수행 수준은 네 자리 수와 두 자리 수의 곱셈까지 가능하며, 대상 학생 B는 세 수의 곱셈 연산까지 가능하였다. 나눗셈 연산 수행 수준은 대상 학생 A와 대상 학생 B는 두 자리 수와 두 자리 수의 나머지 있는 나눗셈까지 가능하며, 대상 학생 C는 세 자리 수와 두 자리 수의 나머지 없는 나눗셈 연산까지 가능하였다. 따라서 대상 학생 모두가 가능한 곱셈 연산 수준은 네 자리 수와 두 자리 수의 곱셈이고 나눗셈 연산은 나머지 있는 두 자리 수와 두 자리 수의 나눗셈이 가능하다.

④ 문장제 문제 검사 구성

본 연구에서 사용한 문장제 문제 검사는 기초선, 중재, 유지 단계에서 사용하였다. 각 학생의 수학 학습 수준 평가 결과를 참고하고, 초등학교 3, 4학년 수학교과서와 수학익힘책에 있는 문제를 분석한 후 문제의 숫자를 고치거나 수학문제집을 참고로 하여 연구자가 생활에 응용할 수 있는 문제로 재구성하였다.

문장제 문제 검사문항은 수학 학습장애 중학생의 학습 동기를 고려하여 총 10문항으로 구성하였다. 문항 구성은 〈표 5-8〉과 같게 하고 무작위로 10문항을 배열하여 회기별 문장제 문제 검사지를 제작하였다.

〈표 5-8〉 문장제 문제 검사지 문항 구성

문항	문장제 유형	곱셈과 나눗셈 연산 수행 수준	의미론	난이도 조절
1	곱셈 (5문제)	두 자리 수 × 한 자리 수	동수누가 비율	– 소재: 실생활 관련 소재 – 의미론: 곱셈은 동수누가와 비율만 포함. 나눗셈은 등분제와 포함제가 고루 포함 – 문제의 길이: 복잡하지 않은 두 문장(간혹 세 문장)으로 구성 – 구문론적 요소: 모두 연산 구조를 포함. 개방형 문장제, 비연산 구조를 포함한 문장제, 타 교과와 통합적인 또는 수학적인 소재의 문장제는 불포함
2		세 자리 수 × 한 자리 수		
3		두 자리 수 × 두 자리 수		
4		세 자리 수 × 두 자리 수		
5		네 자리 수 × 두 자리 수		
6	나눗셈 (5문제)	두 자리 수 ÷ 한 자리 수	등분제	
7		두 자리 수 ÷ 한 자리 수	포함제	
8		두 자리 수 ÷ 두 자리 수	등분제	
9		두 자리 수 ÷ 두 자리 수	포함제	
10		6~9번 유형 중 한 유형 더 반복		

각 10문항씩 제작 후, 초등 3, 4학년 담임교사 2명과 특수교사 1명에게 수학 문장제 문제의 형식(문장의 명료성, 정확한 수학적 개념 포함)과 내용 타당도(각 문장의 길이, 어휘 수준)를 검증받았다. 매 회기마다 사용할 문장제 문제 검사지가 고른 난이도 및 문제 수를 가지도록 하였다.

2) 연구 절차

연구의 실험장소는 S중학교 특수학급이며 연구 기간은 2012년 3월 5일~2012년 5월 25일까지 총 12주에 걸쳐 실시하였다. 지능검사, 수학 학력진단검사와 수학 학습 수준 평가는 3월 5일부터 7일간 실시하였고, 3월 셋째 주부터 기초선을 대상 학생 각각에서 간헐적으로 측정하였다. 중재는 주 3회 실시하고, 중재시간은 40분간 이루어졌다. 유지 단계는 중재 종료 시점부터 2주 후에 1주일 간격으로 3회기 실시하였다. 대상 학생들은 기초선과 중재, 유지 단계 동안 개별적으로 연구가 진행되었다.

(1) 기초선 단계

대상 학생의 문장제 문제해결 수준을 측정하기 위해 기초선 측정이 필요하다. 기초선 도구는 문장제 문제 검사지였으며, 대상 학생 3명은 동시에 첫 기초선 측정을 실시하였다. 대상 학생 A의 기초선이 안정을 보이면 나머지 학생들의 기초선을 간헐적으로 측정하였다.

(2) 중재 단계

대상 학생 A의 기초선 자료가 연속 3회기 이상 안정을 보이면 중재 오답노트 전략을 실시하였다. 대상 학생 A의 문장제 문제 정답률이 3회기 이상 중재에 대한 안정성과 증가를 보이면 대상 학생 B에게 오답노트 전략을 실시하였다. 그리고 대상 학생 B의 중재 효과가 안정성을 보이면 대상 학생 C에게 중재를 시작하였다. 문장제 문제 검사의 정답 수가 연속적으로 4회기 이상 9개를 보이면 중재된 것으로 간주하고 중재를 종료하였다.

오답노트 전략 교수는 대상 학생 A의 기초선이 안정된 후 실험조건에 따라 각 단계에서 중재를 시작하였다. 중재에 들어가기 전에 문장제 문제 검사를 실시하고 연구자는 채점 후 대상 학생에게 개별적으로 오답 관련 피드백을 주었다. 문장제 문제 검사에서 틀린 문제는 연구자의 피드백을 받은 후, 박민정(2009)과 황정하(2011)의 연구를 참고로 제작한 오답노트에 학생들이 작성하였다. 오답노트에는 학생 스스로 그림, 도표, 글 등 자유로운 쓰기를 통해 오답원인, 오답을 한 문제와 풀이과정, 핵심 개념 등을 정리하는 것이다. 문장제 문제 검사에서 틀린 문제가 없을 때는 중요하다고 생각하는 문제를 선택하여 오답노트에 정리하도록 하였다. 오답노트 전략 절차는 〈표 5-9〉와 같다.

〈표 5-9〉 오답노트 전략 절차

단계	소요시간	과정	주요 내용
1	10분	문장제 문제 검사 실시	문장제 문제 검사 실시하기 (곱셈과 나눗셈 문장제 문제 10문제)

2	20분	오답노트 전략	1) 문장제 문제 검사에서 오답 확인
			2) 교사 중심의 피드백받기
			3) 오답노트 작성하기
			   ① 오답의 원인을 선택하기
			   ② 교사가 제공하는 오답노트에 문제 적기
			   ③ 풀이과정을 학생 스스로 그림이나 표 등 다양한 방법을 이용해 자유롭게 쓰기
			   ④ 문제의 핵심 개념 정리하기
			   ⑤ 오답노트 작성 후 교사가 점검하여 어려워하는 부분에 다시 보충설명하기

중재에 대한 전반적인 내용을 교육받은 중학교 교사 2명에게 의뢰하여 직접 관찰을 통해 대상 학생 각각 1회씩 체크리스트를 작성하도록 하였다. 각 대상 학생의 중재 충실도는 98.9%였다.

(3) 유지 단계

유지 단계는 중재 단계가 끝난 후에도 중재의 효과가 지속되는지 평가하는 단계다. 대상 학생이 전략을 잘 기억하고 있는지, 잘 활용하고 있는지에 대한 점검을 중재 종료 시점부터 2주 후에 1주일 간격으로 총 3회 실시하며, 개인별 피드백을 제공하여 학생들이 실제 상황에서 계속적으로 활용할 수 있도록 하였다. 중재 시 사용한 문장제 문제 검사와 같은 난이도의 문제지로 평가하여 얻은 점수로 문장제 문제해결력이 얼마나 유지되고 있는지 측정하였다.

(4) 사회적 타당도

본 연구의 사회적 타당도는 중재 평가의 마지막 회기가 끝난 후, 대상 학생은 총 6문항으로 구성된 설문에 응답하였다. 설문 내용은 학생들의 중재 목표, 절차, 결과의 중요성 등에 관한 질문으로 구성되어 있었다. 유지 기간의 마지막 회기가 끝난 후 대상 학생에게 다시 한 번 중재 내용과 절차에 대한 만족도 관련 설문을 실시하였다.

3) 연구 결과

(1) 문장제 문제해결 성취에 미치는 효과

기초선 단계에서 대상 학생들의 곱셈과 나눗셈 문장제 문제해결 점수는 전체 10문항 중 평균 정답 수 6개 이하로 낮은 성취도를 보였다. 하지만 오답노트 전략을 실시한 후에 대상 학생 A는 기초선 최고 정답 수인 2개에서 중재 최고 정답 수 10개까지 가장 높은 상승폭을 보였으며, 대상 학생 B는 기초선 최고 정답 수 5개에서 중재 최고 정답 수 9개까지, 대상 학생 C는 기초선 최고 정답 수 6개에서 중재 최고 정답 수 10개까지 향상되었다.

대상 학생 A는 기초선 단계에서 평균 정답 수가 1개의 문제해결 성취 수준을 나타 내어 3명의 대상 학생 중 가장 낮은 정답 수를 나타냈다. 그러나 중재가 시작되면서 점수가 점차 향상되어 중재 동안 평균 정답 수가 8.1개(범위 5~10개)로 높은 성취 수준을 보여 대상 학생 3명 중 성취 수준이 가장 크게 향상되었다. 중재 초기에는 문장제 문제해결력 검사에서 5개의 정답 수를 나타냈고, 점차 정답 수가 증가하여 10회기와 11회기에는 문항 10개 모두를 해결하며 높은 중재 효과를 보였다. 중재 후반기인 8회기 부터 11회기까지 연속으로 정답 수가 9개 이상 나타나 11회기에서 중재를 종료하였다.

대상 학생 B는 5회기의 기초선 기간에 평균 정답 수가 4.6개로 낮은 수준을 나타냈으나, 오답노트 전략을 실시하면서 정답 수가 증가하여 8회기의 중재 기간에 평균 정답 수가 8.3개(범위 7~9개)로, 곱셈과 나눗셈 문장제 문제해결력이 향상되었음을 알 수 있다. 기초선 단계 동안 대상 학생 B는 정답 수가 4개 또는 5개의 결과를 보였다. 중재가 시작되면서 정답 수가 7개로 상승했는데, 11회기에서 9개로 상승했다가 12회기와 13회기에서 정답 수가 7개로 첫 중재 결과와 같았지만, 기초선 단계보다는 상승한 안정적인 결과를 나타냈다. 중재 후반기에는 10문제 중 모두 9문제를 해결하며 높은 중재 효과를 나타냈다. 4회 연속으로 9개의 정답 수를 나타내어 중재를 실시한 지 8회기째인 17회기에 중재를 종료하였다.

대상 학생 C는 기초선 단계에서는 정답 수가 평균 4.7개로 대상 학생 B의 기초선 평균과 비슷한 수준을 보였다. 중재 초반에는 점수의 하락도 있었지만, 중반 이후부터는 꾸준한 증가를 보였다. 중재 후반기에는 정답 수가 8~10개까지 상승되었다.

따라서 중재 단계 동안 평균 정답 수가 8.5개(범위 6~10개)로 대상 학생 중 가장 많은 정답 수를 나타냈다. 대상 학생 C의 측정은 4회기 이상 정답 수가 9점 이상일 때까지 중재가 이루어졌으며, 중재 회기 8회기째인 21회기에서 중재를 종료하였다.

(2) 문장제 문제해결 성취의 유지에 미치는 효과

본 연구에서는 중재가 종결된 2주 후에 1주일 간격으로 3회를 측정하여 일정 시간이 지난 후에도 중재의 효과가 유지되는지 알아보았다.

대상 학생 A는 유지 단계에서 전체 10문항 중 정답 수가 8개, 9개, 9개로 평균 8.7개의 정답 수를 보였다. 유지의 첫 회기에서는 중재 단계의 평균과 비슷한 8개의 정답 수를 보였으며 유지의 2회기와 3회기에서는 9개의 정답 수로 향상되어 유지되었다. 대상 학생 A는 유지 단계의 평균이 중재 단계의 평균보다 높은 수준을 나타냈으며 중재의 효과가 지속되었다.

대상 학생 B는 유지 단계 동안 9개, 7개, 8개로 평균 8개의 정답 수를 나타냈다. 대상 학생 B는 유지의 첫 회기에서 중재 단계의 최다 정답 수인 9개와 같은 정답 수를 나타냈다가 유지의 2회기에서 7개로 낮아졌지만, 유지의 3회기에서 8개로 다시 상승하였다. 유지 단계의 평균 8개는 중재 단계의 평균 8.3개와 비슷하여 중재의 효과가 지속됨을 나타냈다.

대상 학생 C는 유지 단계 동안 8개, 10개, 9개로 평균 9개의 정답 수를 보였다. 대상 학생 C는 유지의 1회기에서 8개의 정답 수를 나타냈다가 2회기에서 10개로 상승하였으며 마지막 유지 회기에서 9개의 정답 수를 나타냈다. 유지의 평균이 중재 단계의 평균보다 높은 수행능력을 보였고, 대상 학생 중에서 유지 단계의 평균 정답 수가 가장 많았다.

대상 학생 3명 모두 유지 단계에서의 문장제 문제해결 수행능력이 기초선 단계보다 큰 폭으로 향상되었고, 중재 단계의 평균과 비슷한 수준을 유지하여 중재의 효과가 지속되는 것으로 나타났다.

(3) 사회적 타당도 측정 결과

연구 대상 학생은 사회적 타당도를 통해 중재의 효과와 만족도에 대한 설문에 응답하였다. 오답노트 전략이 흥미롭고, 곱셈과 나눗셈 문장제 문제를 해결하는 데 도움이 되었냐는 질문에 대상 학생 모두가 오답노트 전략이 도움이 되었으며, 곱셈과 나눗셈 문장제 문제해결 기술이 향상되었다고 답하였다. 학생들은 문항수의 오답이 줄어들었으며, 문장제 문제를 해결하는 방법을 알았다고 답하였다.

　오답노트 전략을 다른 친구들에게 권하겠냐는 질문에 대상 학생 전원이 추천해 주고 싶다고 하였으며, 앞으로도 수학 문장제 문제를 풀 때 계속해서 오답노트를 사용할 것이라고 응답하였다. 대상 학생 A는 처음에는 문장제 문제를 풀기 싫었으나 지금은 만점을 받기 위해 문제를 열심히 풀고 싶은 흥미를 가지게 되었으며, 정답 수가 늘어날수록 기분이 좋다고 답하였다. 오답노트를 작성한 이후 곱셈과 나눗셈 문장제 해결에 대해 자신감이 생겼냐는 질문에 모든 대상 학생은 오답노트를 작성한 이후 문장제 문제에 대해 자신감을 얻었다고 보고하였다.

4) 함의

　본 연구의 연구자는 오답노트 전략이 수학 학습장애 중학교 학생의 곱셈과 나눗셈 문장제 문제해결력을 향상시키고, 이를 유지시키는 원인을 다음과 같이 해석하였다.

　첫째, 오답노트의 풀이과정을 학생들이 선호하는 학습양식, 인지양식에 따라 자유롭게 작성하도록 하였고, 자신에게 적합한 방식으로 자유롭게 작성하면서 문장제 문제해결력의 향상을 가져왔을 것이다.

　둘째, 오답노트를 작성할 때 학생 스스로 오답의 원인을 선택하고 핵심 개념을 정리하는 것은 오류를 분석하여 반성하는 과정을 심화시켰을 것이다.

　셋째, 교사가 수학 학습장애 학생에게 문제의 풀이과정과 개념을 명백하게 설명해 주어 학생 스스로 오답노트를 작성하면서 틀린 이유와 개념을 확립하는 데 도움이 되었을 것이다.

　넷째, 대상 학생 모두 기초선 단계 동안 문제해결을 시도하는 문항수가 적었지만 중재가 진행됨에 따라 오답이 줄어들자 성취감이 커져 문제해결을 하고자 하는 학습 의욕과 자신감의 향상이 결과에 긍정적인 영향을 미쳤을 것이다.

참고문헌

곽금주, 박혜원, 김청택(2001). K-WISC-III(한국웩슬러아동지능검사). 서울: 특수교육.

박경숙, 김계옥, 송영준, 정동영, 정인숙(2004). KISE-기초학력검사(KISE-BAAT) 개발연구. 안산: 국립특수교육원.

박민정(2009). 오답노트를 활용한 수업이 수학 학습에 미치는 효과. 부산교육대학교 교육대학원 석사학위논문.

황정하(2011). 문제 만들기를 활용한 오답노트 작성의 수학 학습 효과. 한국교원대학교 교육대학원 석사학위논문.

수학일지 전략의 예시

3
수학일지 전략 수업 지도안

단원(제재)	4. 분수의 곱셈		대상 학년	5학년
본시 주제	자연수와 분수의 곱셈			
차시	○/11	활용 전략	수학일지 전략	
교수–학습 목표	– 분수 문장제 문제에서 자신이 틀린 문제를 확인하고 수학일지 전략을 사용하여 문제풀이 과정을 정확하게 이해하고 계산할 수 있다.			

단계	학습 요소	교수–학습 활동	시간	자료(◎) 및 유의점(※)
문제 확인	선수 학습 상기	❖ **선수 학습 확인하기** ▷ 선수 학습한 내용 확인하기 • 선수 학습한 (자연수)×(진분수)와 (자연수)×(대분수)의 내용을 확인한다.		◎ppt
	동기 유발	❖ **학습 동기 유발하기** ▷ 대분수와 자연수의 곱셈이 적용된 일상생활 속의 예를 생각하고 발표한다.		
	학습 목표 제시	〈공부할 문제〉 (자연수)×(진분수) 혹은 (자연수)×(대분수)의 계산과정에서 오류를 범한 이유를 찾고 이해해 보아요.		◎ppt
	학습 활동 안내	❖ **학습 활동 안내하기** 활동 1 왜 틀렸을까? 활동 2 다시 한 번 해 보아요!		

전개	활동 1	❖ 수학일지 전략을 적용한 학습 활동 전개하기	◎지난 시간 풀이한 문제지
문제해결 방법 탐색하기 및 문제해결 하기	핵심 개념 파악하기	[활동 1] 왜 틀렸을까? ▷ 틀린 문제 확인하기 • 선수 학습 확인과정에서 학생이 풀이한 문제를 바탕으로 틀린 문제를 확인한다. • 틀린 문제를 수학일지에 다시 한 번 써 본다. ▷ 틀린 이유 찾기(각 문항별로) • 이 문제를 틀린 이유는 무엇이었습니까? 　– 이 문제를 틀린 이유는 ＿＿＿ 때문입니다. 　① 문장제 문제를 읽고 식을 세울 수 있었는가? 　② 약분을 제대로 하였는가? 　③ 대분수를 가분수로 바꾸어 나타낼 수 있었는가? 　④ 가분수를 대분수로 바꾸어 나타낼 수 있었는가? 　⑤ 기타 • 어떤 실수를 가장 많이 했습니까? 　– 약분하는 과정에서 가장 많이 실수를 했습니다. ▷ 틀린 문제에서 다루고 있는 핵심 개념 파악하기 ⟮예⟯ 미술시간에 선물상자를 포장하기 위해 리본을 8m 사 왔습니다. 이 리본의 $\frac{3}{4}$ 을 사용하였다면 사용한 리본의 길이는 몇 m입니까? • 이 문제의 핵심 개념은 무엇입니까? 　– 진분수, 약분, 곱셈입니다.	◎수학일지 노트

	활동 2 풀이과정 이해하기	❖ **틀린 문제의 모범답안을 이해하고 다시 풀어 보기**	※학생이 도움을 요청한 경우, 문제풀이과정

| | | | 을 명시적으로
로 제시하기
보다는 단계적
힌트를 사용하
여 안내된 연
습을 제공한다. |

활동 2　　　다시 한 번 해 보아요!

▷ 자신이 가장 많이 범한 오류를 중심으로 친구와 짝을 지어서 특정 문제를 풀 수 있는 다양한 방법과 풀이과정에 대해 의논해 본다.
▷ 교사가 제시한 모범답안을 자신의 생각과 비교하고 이해한다.

짝과 생각 나누기　　　모범답안과 비교해 보기

▷ 자신만의 풀이를 수학일지에 적어 본다.
▷ 자신이 적은 풀이과정을 가리고 동일한 문제를 다시 풀어 본다.
▷ 또다시 오류를 범하였을 경우, 교사에게 도움을 요청한다.

적용 및 발전

학습 내용 정리

❖ **학습 활동 정리하기**
▷ 오늘 학습한 내용 정리하기
• 오늘 무엇을 배웠나요?
　– 자연수와 분수의 곱셈 계산에서 제가 어려워하는 부분을 중심으로 공부했습니다.
• 오늘 새롭게 알게 된 점이 있나요?
• 어려웠던 점은 무엇인가요?
• 아직도 이해가 안 가는 부분이 있나요?

◎ppt

평가

❖ **학습 여부 확인하기**
▷ 동일한 유형의 문제를 해결해 보도록 한다.

⑩ 배 한 상자의 무게는 $11\frac{1}{4}$ kg입니다. 배 12상자의 무게는 얼마입니까?

| | 차시 예고 | ♣ **차시 예고**
▷ 다음 시간에 학습할 내용을 안내한다. | | |

❏ 본시 평가 계획

평가 내용	평가 시기	평가 방법
■ 분수 문장제 문제에서 자신이 틀린 문제를 확인하고 수학일지 전략을 사용하여 문제풀이 과정을 정확하게 이해할 수 있는가?	활동 1, 활동 2	관찰 및 수학일지

4

수학일지 전략 활동지

교과: 수학	단원(차시):	4. 분수의 곱셈 (○/11)
학년: 5-1		자연수와 분수의 곱셈

초등학교
5 학년   반   번

활동지   **수학일지**

☐ 오늘 수업시간에 배우고 느낀 점을 솔직하게 적어 보도록 해요.

1. 오늘의 학습 목표

2. 왜 틀렸을까? (자신이 틀린 문제를 그대로 적고, 틀린 이유를 자세히 적어 보세요.)

틀린 문제	이 문제를 틀린 이유를 자세히 적어 보세요.
이 문제의 핵심 개념은 무엇입니까?	

3. 다시 한 번 해 보아요! (친구 또는 선생님과 의논한 내용을 생각하며 다시 한 번 문제를 풀어 보세요.)

풀이과정:

답: _____

4 오늘 새롭게 알게 된 점이나 아직도 어려운 점이 있나요?

5. 오늘 나의 수업태도를 평가해 보세요.

아주 잘함( )   잘함( )   보통( )   못함( )   아주 못함( )

5

수학일지 전략 평가지

수학일지

❑ 오늘 수업시간에 배우고 느낀 점을 솔직하게 적어 보도록 해요.

1. 오늘의 학습 목표

> (자연수) × (진분수) 혹은 (자연수) × (대분수)의 계산과정에서
> 오류를 범한 이유를 찾고 이해하기

2. 왜 틀렸을까? (자신이 틀린 문제를 그대로 적고, 틀린 이유를 자세히 적어 보세요.)

틀린 문제	이 문제를 틀린 이유를 자세히 적어 보세요.
미술시간에 선물상자를 포장하기 위해 리본을 8m 사 왔습니다. 이 리본의 $\frac{3}{4}$ 을 사용하였다면 사용한 리본의 길이는 몇 m입니까?	자연수인 8을 분수로 바꾸는 과정에서 실수를 했어요. 원래는 8/1인데 1/8로 계산을 했어요.

이 문제의 핵심 개념은 무엇입니까?

분수의 곱셈, 약분, 진분수, 자연수를 분수로 변환하기

3. 다시 한 번 해 보아요! (친구 또는 선생님과 의논한 내용을 생각하며 다시 한 번 문제를 풀어 보세요.)

풀이과정:

$$\overset{2}{\underset{1}{\cancel{8}}} \times \frac{3}{\underset{1}{\cancel{4}}} = 6m$$

답: __6m__

4. 오늘 새롭게 알게 된 점이나 아직도 어려운 점이 있나요?

저는 자연수를 분수로 바꾸는 과정에서 가장 많은 실수를 한다는 것을 알았어요. (분수) × (분수)는 쉬운데 (자연수) × (분수) 문제는 아직도 조금 헷갈려요. 모르는 것이 아니고 헷갈리는 것이기 때문에 열심히 하면 틀리지 않을 수 있다는 생각을 했어요.

5. 오늘 나의 수업태도를 평가해 보세요.

아주 잘함( )   잘함(×)   보통( )   못함( )   아주 못함( )

평가 시 참고: 하 수준의 예시	수학일지

❑ 오늘 수업시간에 배우고 느낀 점을 솔직하게 적어 보도록 해요.

1. 오늘의 학습 목표

> 분수 계산하기

2. 왜 틀렸을까? (자신이 틀린 문제를 그대로 적고, 틀린 이유를 자세히 적어 보세요.)

틀린 문제	이 문제를 틀린 이유를 자세히 적어 보세요.
미술시간에 선물상자를 포장하기 위해 리본을 8m 사 왔습니다. 이 리본의 $\frac{3}{4}$ 을 사용하였다면 사용한 리본의 길이는 몇 m입니까?	저한테 너무 어려워요.

이 문제의 핵심 개념은 무엇입니까?
수학, 분수

3. 다시 한 번 해 보아요! (친구 또는 선생님과 의논한 내용을 생각하며 다시 한 번 문제를 풀어 보세요.)

풀이과정:

책을 보시오.

답: _6m_

4. 오늘 새롭게 알게 된 점이나 아직도 어려운 점이 있나요?

전부 다 모르겠어요. 분수 계산은 정말 못하겠어요. 나는 맨날 맞는 방식으로 계산을 한 것 같은데 결과를 보면 틀리다고 해서 수학이 싫어요.

5. 오늘 나의 수업태도를 평가해 보세요.

아주 잘함( )   잘함( )   보통( )   못함(×)   아주 못함( )

제**6**장

교사 주도적 전략

교사 주도적 전략의 소개

직접 교수

　직접 교수는 교사가 필요한 기능을 직접적으로 설명하고 시범을 보인 다음에 학생에게 그 기능을 연습시켜 숙달할 수 있도록 하는 교수 모형이다(김윤옥, 2007). 많은 수학 수업에서 학습 목표를 분명하게 제시하고, 교사의 시범을 통해 학생들이 문제의 유형을 익힌 후, 직접 문제를 풀어 봄으로써 기능을 숙달하는 보편적인 방법을 활용하고 있는데, 이것이 바로 직접 교수의 대표적인 유형이라 할 수 있다. 1960년대 미국 오리건 대학교에서 학업적 결손을 보이는 아동을 대상으로 수학과 언어(읽기)를 효과적으로 교수하기 위해 개발한 직접 교수법(Direct Instruction)(Baumann, 1986)은 학습 기술을 완벽하게 습득하기 위해 교사가 주도적으로 안내하는 수업으로, 학생에게 학습 목표를 분명하게 하면서 학업에 초점을 맞추는 교사의 활동이고, 수업을 위한 시간 배당이 충분하면서도 지속적이고 내용 전달 범위는 확장하며, 학생 수행을 모니터하고 낮은 수준의 인지적 능력으로 질문을 하면서 정확한 반응을 유도하고, 학생에게 교정적 피드백을 주는 교수 활동 등으로 구성된다(정성엽, 2012 재인용; Rosenberg, 1991). 직접 교수라는 용어에서도 알 수 있듯이 직접 교수에서 가장 핵심이 되는 부분이 학생에게 '직접' 가르치는 것이고 가장 중요한 부분은 능동적이고 적극적인 교사의 역할이기 때문에 교사의 체계적인 수업계획과 교수 방법이 직접 교수의 흥과 패를 결정할 수 있다. 교사가 직접적으로 교수하기 위해 가장 우선시 되어야 하는 것은 그 수업에서 다뤄질 과제 분석이며, 이를 통해 확인된 전략들을 단계적이고 체계적인 방법을 활용하여 제시할 수 있어야 하고, 이 단계들을 학생들이 모두 숙달하였다고 판단될 경우에 다음 단계로 넘어가 연습할 수 있도록 기회를 제공해야 한다(정성엽, 2012; Baumann, 1986). 많은 학자의 연구를 통해 최종적으로 제시된 직접 교수의 수업 구조는 전시학습 상기 및 학습 목표 제시 단계인 도입, 교사의 시범과 연습 유도, 점

〈표 6-1〉 직접 교수 수업 구조(Bender, 2002 인용)

단계	과정 요소
도입	전시학습 상기 및 학습 목표 제시
전개	시범보이기
	유도하기
	점검하기
정리	배운 내용 정리하기

검 단계인 전개, 배운 내용 정리하기 단계인 정리로 이루어진다(〈표 6-1〉 참조).

　조직적이고 계열적인 접근법이 효과적인 수학의 경우 직접 교수의 적용이 매우 용이하다. 특히 수학 문장제와 같이 언어적인 해석과 수학적인 학업기술이 동시에 필요한 과제를 교수하는 데에는 직접 교수의 명시적이고 조직적인 특징이 큰 효과를 나타낸다. 직접 교수(DI)의 각 프로그램을 보면, 교사의 언행, 설명, 예시가 매우 상세하게 제공되어 있고 잘 짜인 스크립트를 활용하여 수업을 진행할 수 있도록 명시되어 있다. 교사는 각 단계에서 제공하는 구체적인 과정에 맞춰 수업을 진행함으로써 일관적이고 효과적인 수업 전달을 할 수 있다.

2

CGI(Cognitively Guided Instruction)

수학 학습에서 수학적 개념과 원리를 학생들에게 지도하는 데 교사의 역할은 중요하다. 지금까지의 수학교육은 교사가 가지고 있는 수학적 지식을 교수적 과정을 통해 효과적으로 전달하는 데 비중을 두었다. 하지만 최근의 경향은 학생의 사고를 이해하는 학생 중심의 교육을 지향하는 방법으로 변화하고 있다. 이와 같은 학생들의 수학적 사고에 바탕을 둔 대표적인 수학교육 교수법이 CGI(cognitively guided instruction)다. CGI는 국내에서 인지적으로 안내된 교수로 소개되기도 하고 인지 지도 교수로 소개되기도 한다. CGI는 위스콘신 대학교 메디슨 캠퍼스의 교육대학에서 Carpenter와 Fennema의 주도로 1985년부터 1996년까지 수행된 수학교육 프로젝트다. 이 프로젝트는 '가르치는 것'과 '배우는 것'에 대한 연구를 통합하기 위해 시작되었으며, 교사가 학생들의 수학적 사고를 이해하도록 도와서 교실 수업에서의 큰 변화를 가져오는 데 목적이 있다(백재민, 2004).

Carpenter 등(1999)의 연구에 따르면, 학생들은 학교에 입학하기 전부터 여러 가지 비형식적이고 직관적인 수학적 지식을 갖게 되고, 이러한 지식은 초등학교 수학을 이해하는 데 기초가 된다. 이는 곱셈 구구단처럼 경험이나 학습을 통해 학생들이 자연스럽게 알고 있는 지식인 '기본셈'이나 알고리즘, 과정에 대한 형식적이거나 직접적인 교수법 없이도 다양한 문제에 관한 다양한 해결책을 구성할 수 있게 한다. 또한 사칙연산에 대한 문제의 구조는 학생들의 문제해결 방법에 영향을 줄 수 있으며, 교사는 학생들의 생각을 이해하기 위해 문제들 사이의 차이점을 생각해야 한다. 그리고 교사는 학생들의 수학적 사고에 대한 지식에 기초하여 교수계획을 세워야 한다. 실제로 교사가 가지고 있는 직관적 인식은 단편적이며, 결과적으로 대부분의 교사가 교수 방향을 결정하는 데 중요한 역할을 못하고 있다. 그러므로 교사가 교수계획을 세우기 위해서 교수적 결정을 내리기 위한 일관된 근거가 필요하며, 이 문제를 해결하기 위해 교사가 특정 영역에서 학생들의 수학적 사고 발달이 어떻게 이루어지는지에 관해 개념적 지도를 만들도록 하였다(최지은, 2006 재인용).

그동안의 CGI 연구에서 교사가 학생들의 수학적 사고의 발달을 이해한다는 것은, 교사의 신념과 교수의 실제에 근본적인 변화를 가져온다는 것과 이러한 변화는 학생들의 학습에 반영된다는 것이다(Carpenter et al., 1989; Fennema et al., 1993; Fennema et al., 1996; 최지은, 2006 재인용). 또한 Carpenter 등(1993)과 Carpenter(1996) 등은 학생들의 수학적 사고와 발달을 촉진하는 교육 내용에 대한 새로운 관점을 제공하고 있다.

CGI의 원리를 적용한 수학 수업은 크게 다섯 가지 단계로 구성된다(Carpenter et al., 1999). 첫째, '문제 선정하기'다. 교사는 문제를 해결하는 데 학생들에게 풍부한 경험을 제공하기 위해 문제를 선정한다. 둘째, '전략 발표하기'다. 교사는 학생들에게 문제를 해결할 시간을 준 후, 문제를 어떻게 해결했는지를 학급 전체나 소집단에 발표하게 한다. 셋째, '학생들에 관해 배우기'다. 교사는 수업시간에 학생들을 관찰하고 그들의 발표에 귀를 기울임으로써 학생들에 관한 지식을 계속 획득해 나간다. 넷째, '변화 관찰하기'다. 학생들이 때로는 교사가 기대하는 것보다 훨씬 어려운 문제를 해결할 수 있기에 어떤 전략으로 문제를 해결하는지 관찰한다. 다섯째, '도구와 조작 자료 사용하기'다. 학생들이 특정한 문제를 해결하기 위한 도구로 종이, 연필, 산가지 등을 자유롭게 꺼내어 사용할 수 있도록 한다.

참고문헌

김지혜, 오영열(2010). 인지적으로 안내된 교수 원리를 적용한 수학 학습부진아 지도 효과 분석. 한국초등수학교육학회지, 14(3), 789-806.

김윤옥(2007). 통합교육에서 학습장애 학습부진 학생에 대한 직접 교수의 주요 원리와 적용 효과 간 비교. 학습장애연구, 4(1), 45-67.

백재민(2004). Teaching mathematics based on children's cognition: Introduction to cognitively Guided Instruction in U.S., 수학교육학연구, 14(4), 21-433.

정성엽(2012). 직접 교수가 수학 학습부진아의 방정식 해결능력 및 수학 학습태도에 미치는 영향. 경인교육대학교 대학원 석사학위논문.

Baumann, J. F. (1986). The direct instruction of main idea comprehension ability. In J. F.

Baumann (Ed.), *Teaching main idea comprehension* (pp. 133-178). International Reading Association.

Carpenter, T. P., Fennema, E., Franke, M. L., Levi, L., & Empson, S. B. (1999). *Children's mathematics: Cognitively guided instruction.* Portsmouth, NH: Heinemann.

교사 주도적 전략의 효과성

3

직접 교수가 수학 학습부진아의 방정식 해결능력 및
수학 학습태도에 미치는 영향13)

1) 연구 필요성과 목적

2007년 개정 교육과정에서 학생들이 경험할 수 있는 여러 가지 현상을 수학적 관점으로 해석하며, 이전까지 중학교 1학년 수준에서 다루었던 방정식을 초등학교 6학년에서 배우게 되었다. 초등학교 6학년 과정에서 방정식의 가장 기초인 일차방정식을 배움으로써 이차방정식 또는 삼차방정식까지 공부하는 기초가 된다(교육과학기술부, 2011). 방정식에서 연산과정 중에 나타나는 등식의 성질은 덧셈, 뺄셈, 곱셈, 나눗셈의 사칙연산을 이용한 문제해결능력과도 큰 관련성을 가진다. 수학 부진 아동이 방정식 해결과정을 통해 사칙연산능력의 향상과 문제해결능력의 향상을 보인다면 수학 학습의 다른 영역에도 영향을 끼쳐 전반적인 수학능력의 향상을 기대할 수 있다. 이러한 수학능력적인 부분만 아니라 수학 부진 아동이 학습에 대한 실패로 갖게 되는 낮은 자아감, 학습 무기력, 낮은 학습 동기 등을 극복하는 데도 도움이 될 것이다.

많은 교수–학습 방법 중에서 학습 부진 아동에게는 특히 읽기와 수학에 효과가 있는 직접 교수법(Direct Instruction)을 사용하는 것이 학생들의 성취와 생각하는 기술, 자아개념을 높이는 데 성공적이다(Rose, 2000). 직접 교수는 미국의 오리건 대학교에서 학습에 어려움을 가지는 아동을 대상으로 읽기, 산수, 언어를 효과적으로 가르치기 위해 제안한 모형이다. 직접 교수의 수업 구조를 보았을 때, 교사의 역할은 능

13) 정성엽(2012). 직접 교수가 수학 학습부진아의 방정식 해결능력 및 수학 학습태도에 미치는 영향. 경
    인교육대학교 대학원 석사학위논문.

동적이고 적극적이어야만 한다. 그래서 교수–학습의 중심에 서 있어야 하고 학생들에게 직접 학습에 대한 내용을 가르쳐야 한다(이성영, 1996). 이처럼 직접 교수는 능동적이고 적극적인 교사의 역할이 중요하다. 교사는 목표 전략을 설정하기 위해 일반적으로 과제 분석을 통해 확인된 전략의 각 단계를 순서적인 방법으로 제시하고 학생들은 순서 단계를 숙달한 후 다음 단계를 연습한다. 교사의 역할은 전략에 대하여 이야기하고, 보여 주고, 시범보이고, 설명을 하는 것이다(김윤옥, 2005).

2) 연구 문제

- 직접 교수를 사용한 방정식 지도가 수학 학습부진아의 방정식 해결능력을 향상시키는가?
- 직접 교수를 사용한 방정식 지도가 수학 학습부진아의 수학 학습태도를 향상시키는가?

3) 연구 대상

경기도에 소재한 초등학교의 6학년 수학 학습부진 아동을 대상으로 하였다. 기초학력진단평가 결과 수학 점수가 학습부진의 판정기준인 60점 미만을 받은 아동 중에서 담임 선생님의 추천으로 선정하였고, 시각 · 청각 · 지체 그리고 정서 · 지적장애가 아니며 출석에 대해서 수업에 꾸준히 참여를 한 아동 16명을 최종 선정하여 8명씩 실험집단과 통제집단으로 무선 배치하였다.

4) 연구 설계

동질비교집단 전후검사 설계법(Randomized Control-Group Pretest-Posttest Design)을 이용하였다. 실험집단에는 직접 교수로 구조화된 수학 학습지와 프로그램을 투입하고 통제집단은 학교에서 제공하는 지도계획에 따라 실시하였다. 독립변인은 직접 교수 적용 수업 투입이고 종속변인은 방정식 해결능력과 수학 학습태도다. 연구 설

〈표 6-2〉 연구 설계

구분	사전 검사	실험 처치	사후 검사
G1(실험집단)	O1(사전 검사)	X1(직접 교수 적용된 방정식 수학 학습 제공)	O2(사후 검사)
G2(통제집단)	O1(사전 검사)	X2(학교 부진아 지도계획에 따른 학습 제공)	O2(사후 검사)

계의 구조는 〈표 6-2〉와 같다.

5) 연구 절차

4주 동안 경기도 소재 초등학교에서 실험집단과 통제집단을 나누어서 사전 검사, 본 실험 처치, 사후 검사 순으로 진행되며, 연구자와 나이, 성별, 교육경력, 전공 등 교육적 배경이 비슷한 6학년 담임교사 1명과 함께 실시하였다. 실험 처치는 월, 수, 금 매주 3회기씩 4주 동안 총 12회기에 걸쳐 실시하였다.

(1) 사전 검사

사전 검사는 실험집단과 통제집단의 아동이 동일한 교실에서 방과 후에 실시하였고, 이때 사용된 검사 도구는 한국교육과정평가원에서 개발한 초등학교 기초학력보충학습프로그램 보급을 위한 진단검사에서 방정식 및 사칙연산 관련 문제를 선택하여 40여 분간 실시하고 다음 날에는 한국교육개발원(1992)에서 개발한 수학 학습태도 검사 도구를 이용하여 40분간 진행되었다.

(2) 실험집단 본 실험 처치

방정식의 개념과 등식의 성질, 방정식 세우기, 미지수 값 구하기로 이루어져 있으며, 등식의 성질 중 곱셈과 나눗셈일 경우 학습부진아를 고려하여 두 자리 수 × 두 자리 수, 두 자리 수 / 두 자리 수로 제한하였다. 총 12회기 동안 진행이 되며 사전·사후를 통해 방정식의 해결능력과 수학 학습태도의 향상을 살펴보았다. 대상 아동에게 적용하는 직접 교수는 Bender(2002)가 제시한 수업 구조에 따라, 내용 구성은 이대식(2004)이 제시한 직접 교수 내용을 참고하여 반영하였다.

〈표 6-3〉 직접 교수법 과정 요소 및 내용 구성

단계	과정 요소	내용 구성
도입	전시학습 상기 및 학습 목표 제시	• 학습자가 어떤 순서와 방법으로 공부하게 될 것인지에 대해 안내하며 전시학습을 확인
전개	시범보이기	• 구조화된 칠판 제시 문제
	유도하기	• 구조화된 학습지 문제 • 덜 구조화된 학습지 문제 • Supervised 실습문제
	점검하기	• 독자적인 학습문제
정리	배운 내용 정리하기	• 문제 제시 단계에서 제시한 문제를 해결하며 원리나 절차를 다시 한 번 확인해 주는 단계

(3) 통제집단 본 실험 처치

실험집단과 같이 12회기 동안 학교에서 제공하는 수학 부진아 지도방안에 따른 학습과정에 참여하였다.

(4) 연구 도구

• 수학 학습부진 판별검사—교육과학기술부에서 실시하였던 교과학습 진단평가 중 수학과를 사용하였다. 30문항으로 40분 동안 실시되고 정답 문항이 17개 미만이면 수학 학습부진으로 판정한다.

• 수학 학업성취도 검사—사전 · 사후 수학 학업성취도 검사는 6-나의 수학교과서 및 수학 지도서에서 방정식 단원 20문항을 선정하였다.

• 수학 학습태도 검사—한국교육개발원(1992)에서 개발하여 40문항으로 구성되어 있으며 리커트식 5점 척도로 되어 있다.

(5) 자료 처리

SPSS 19.0을 이용하여 독립표본 t검정을 실시하였다.

(6) 중재 충실도

중재 충실도는 연구자와 연구에 참여한 동료교사 1명이 대상 아동에게 제공되는 중재 12회기 중에서 3회기마다 한 번씩 관찰하여 중재가 과정과 절차에 맞게 이루어져 있는지를 미리 고안한 검사지에 점수를 매기는 형식으로 채점하였다. 수업 전달 측면과 학생의 전략 사용 측면에서 각각 95%와 91.67%, 학생의 전략 활동 측면은 91.67%로 각각 95%와 91.67%가 넘는 중재 충실도를 보고하였다.

6) 연구 결과

〈표 6-4〉에서 직접 교수를 사용한 방정식 지도가 수학 학습부진아의 방정식 해결 능력 향상에 미치는 영향에서 사전 검사의 t검정은 실험집단과 통제집단 간의 유의 미한 차이가 없는 것으로 나타났다. 이것은 두 집단의 동질성을 보여 주고 있다. 사후 검사의 t검정은 실험집단과 통제집단 간의 유의미한 차이가 있는데, 직접 교수를 경험한 집단이 그렇지 않은 집단보다 방정식 해결능력에서의 점수가 더 높게 나타났다.

〈표 6-4〉 집단 간 사전, 사후 방정식 해결능력 변화

집단	n	사전		사후	
		평균(SD)	t	평균(SD)	t
실험집단	8	3.88(1.25)	.198	18.75(1.04)	7.688***
통제집단	8	3.75(1.28)		13.38(1.69)	

*** $p < .001$

〈표 6-5〉에서 직접 교수를 사용한 방정식 지도가 수학 학습부진아의 수학 학습태도 향상에 미치는 영향을 살펴보면, 직접 교수 전의 두 집단 간의 t검정은 유의미한 차이가 나타나지 않았다. 이것은 두 집단의 동질성을 보여 주고 있고, 사후 검사의

〈표 6-5〉 집단 간 사전, 사후 수학 학습태도의 변화

영역	집단	n	사전		사후	
			평균(SD)	t	평균(SD)	t
교과에 대한 자아개념(60점)	실험집단	8	20.00(6.50)	-.255	43.00(3.78)	7.30***
	통제집단	8	20.88(7.20)		31.38(2.44)	
교과에 대한 태도(75점)	실험집단	8	25.25(4.03)	.408	61.75(3.05)	11.75***
	통제집단	8	24.25(5.65)		41.13(3.90)	
교과에 대한 학습 습관(75점)	실험집단	8	30.00(3.55)	.704	68.63(2.26)	10.27***
	통제집단	8	28.13(6.64)		48.00(5.21)	
수학적 태도 (총점 200점)	실험집단	8	75.25(9.72)	.365	173.37(4.59)	14.91***
	통제집단	8	73.25(12.08)		120.50(8.91)	

*** $p < .001$

t검정은 두 집단 간의 유의미한 차이가 나타났다.

7) 논의

직접 교수를 경험한 집단이 그렇지 않은 집단보다 방정식 해결능력 및 수학 학습 태도가 긍정적으로 향상되었다. 방정식 해결능력 향상의 경우, 수학 학습부진아에게 직접 교수를 적용한 결과 실험집단이 통제집단에 비해 더 큰 향상을 이루었고 이것은 직접 교수 프로그램이 개별화된 학습 지도법으로서 수학 학습장애의 연산능력 향상 에 긍정적인 효과가 있다고 한 선행 연구와 같은 결과를 도출하였다.

실험집단과 통제집단 모두 방정식 해결능력의 향상이 크게 일어나며 모두 유의미 한 결과를 얻었는데, 첫째는 학습의 효과다. 두 집단 모두 방정식에 관한 학습을 투입 하였고 방정식에 관한 학습을 하였다. 그 결과 두 집단 모두 향상되었지만 직접 교수 를 통한 집단이 더 큰 향상을 보였다. 둘째는 학습 시기의 효과다. 먼저, 학습에서도 방정식을 배우고 또한 실험 기간 중에 기말고사 기간이 포함되어 있어서 방정식을 학

급에서 집중적으로 다루었다. 그래서 두 집단이 사전과 사후에 많이 향상된 것으로 나타났다. 하지만 직접 교수 프로그램을 실시한 집단에서는 더 많은 향상을 보였다. 이것은 수학 학습부진아에게 직접 교수 프로그램이 다른 프로그램보다 효과적이라는 것을 의미한다.

　수학 학습태도 향상의 경우 실험집단과 통제집단 모두 사후 검사의 결과에서는 전체적인 학습태도를 포함한 자아개념, 교과에 대한 태도, 학습 습관이 유의미하게 나타났지만 통제집단의 경우 직접 교수를 실시한 실험집단에 비해 크지 않은 차이를 보였다. 이것은 두 집단에서 학습태도를 비롯하여 교과에 대한 자아개념, 태도, 학습 습관의 향상을 가지고 왔지만 학생 자신의 학업성적 향상이 수학 학습태도에 영향을 미쳤다고 볼 수 있다. 그러나 직접 교수를 적용한 집단은 그렇지 않은 집단보다 더 큰 차이를 보였다는 점에서 교과에 대한 학습 습관을 단시간에 바꾸기는 쉽지 않지만 직접 교수를 통해서 직접 또는 간접적인 영향을 미쳤음을 의미한다.

참고문헌

교육과학기술부(2011). 수학 6-나 초등학교 교사용 지도서. 교육과학기술부. 서울: 대한교과서주식회사.

김윤옥(2005). 통합교육을 위한 직접 교수의 원리와 실제. 서울: 학지사.

이대식(2004). 학습장애 및 학습부진 문제해결을 위한 직접 교수법의 이론과 활용방안: 직접 교수법의 의미와 주요 특징. 학습장애연구, 1(1), 133-161.

이성영(1996). 직접 교수법에 대한 비판적 고찰. 한국초등국어교육연구, 12, 123-147.

Rose, D. (2000). Ten research-based tips to improve learning. Workshop presented at the MINDS Millenium symposium on Intellectual Disability. Singapore, 28th November-2nd December, 2000.

4

인지적 전략 교수가 수학 학습부진아의
수학 문장제 문제해결력에 미치는 효과[14]

1) 연구 방법

(1) 연구 대상

　본 연구의 대상은 전라남도 M시에 소재한 S초등학교 4학년에 재학 중인 3명의 학생으로 2009년 교과부 주관 교과학습진단평가 학업성취가 현저히 낮고, 한국교육과정평가원에서 개발한 국가 수준 기초학력진단평가 성취 수준이 현저히 낮은 학생들이다. 교과학습진단평가 결과, 학생들은 전체 30점 만점에 평균 16점의 성취를 보였으며, 초등학교 3학년 국가 수준 기초학력진단평가에는 평균 54.8점의 성취 수준을 보였다. 대상 학생들의 지능지수는 85~115에 속하며, 기초학습기능검사 셈하기에서 또래보다 1.5학년 아래인 학생이다. 문제해결 전략 교수로부터 이익을 얻을 수 있는 최소한의 능력을 갖춘 아동을 선발하기 위해 초등학교 2~3학년 수준의 교과서 읽기 수행이 가능하고, 단순한 숫자 계산문제 능력은 있지만 문장제 문제에 대한 문제해결력은 뒤떨어지는 학생을 본 연구의 대상으로 선정하였다. 대상 학생들의 구체적인 특성은 〈표 6-6〉과 같다.

〈표 6-6〉 연구 대상 학생의 검사 정보 및 특성

	대상 A	대상 B	대상 C
학년(성별)	4(남)	4(남)	4(남)
생활연령	9세 8개월	10세 1개월	9세 8개월

---

14) 고현주(2010). 인지적 전략 교수가 수학 학습부진아의 수학 문장제 문제해결력에 미치는 효과. 광주교육대학교 대학원 석사학위논문.

K-WISC-III (언어 IQ/동작 IQ/전체 IQ)	84/106/93	87/86/85	78/98/86
기초학습기능검사 (학년규준)-읽기(독해력)	규준 점수-1.7	규준 점수-2.2	규준 점수-2.5
	백분위 점수-5	백분위 점수-9	백분위 점수-10
기초학습기능검사 (학년규준)-셈하기	규준 점수-2.2	규준 점수-2.4	규준 점수-2
	백분위 점수-4	백분위 점수-5	백분위 점수-2
학업 수준	- 글을 소리 내어 읽을 수 있으나 읽은 내용을 잘 이해하지 못한다. - 사칙연산을 할 수 있으나 실생활과 관련된 문장제 문제는 해결하지 못한다. - 전반적인 교과 학습력이 부족하다. - 기초 학습부진 아동반에 포함되어 매월 부진아 진단평가를 받는다.	- 2학년 수준의 문장을 읽을 수 있으나 발음이 부정확하고 읽은 내용에 대한 이해력이 떨어진다. - 사칙연산은 무난하게 해결하나 속도가 떨어진다. - 문장제 문제 이해에 어려움을 가진다. - 전반적인 교과 학습력이 부족하다. - 기초 학습부진 아동반에 포함되어 매월 부진아 진단평가를 받는다.	- 2학년 수준의 글을 읽고 잘 이해하지만, 말로 표현하는 것에 서툴다. - 사칙연산을 잘 하지만 문장제 문제해결에 어려움을 느끼고 문장제 문제풀이를 꺼린다.
가정환경	- 3남매 중 막내 - 바쁘신 어머니, 병중에 계신 아버지, 초등학교 6학년과 고등학교 2학년의 누나가 있으나 가정에서 학업적 도움을 받지 못한다.	- 남매 중 첫째 - 부모님은 야식집과 식당일을 하시고, 할머니와 할아버지가 계시지만 가정에서 방치되고 있다. - 방과 후 프로그램에 참여하기도 했으나 가정형편으로 계속하지 못하였다. - 학업에 전념할 수 있는 환경이 조성되어 있지 않다.	- 남매 중 막내(6학년 누나) - 어머니가 도서관 도우미로 활동하시며 학교생활에 적극적으로 참여한다. - 학생의 학업성취도 향상에 관심이 많다.

(2) 검사 도구

① K-WISC-III

만 6세부터 만 16세 11개월까지 아동의 지능을 임상적으로 평가할 수 있는 개인용 지능검사 도구로, 언어성 검사와 동작성 검사를 포함한다. 언어성 검사는 상식, 공통성, 산수, 어휘, 이해, 숫자의 6개 영역으로 구성되어 있으며, 동작성 검사는 빠진 곳 찾기, 차례 맞추기, 토막 짜기, 모양 맞추기, 기호 쓰기, 동형 찾기, 미로의 7개 영역으로 구성되어 있다.

② 기초학습기능검사

한국교육개발원(박경숙, 윤점룡, 박효정, 1989)이 개발한 개인용 표준화 학력검사다. 유치원부터 초등학교 6학년까지 아동의 학습능력과 수행 정도를 검사하는 도구로, 아동의 학습 수준이 정상과 어느 정도 떨어지는지를 알아보거나, 학습집단 배치에서 어느 정도 수준의 아동집단에 들어가야 하는지를 결정하는 데 도움을 준다. 이 검사는 정보처리, 셈하기, 읽기 I(문자와 낱말의 재인), 읽기 II(독해력), 쓰기(철자의 재인)의 하위 소검사로 구성되어 있다.

③ 수학 문장제 문제해결 전략 수행 검사

수학적 문장제 문제를 제시하여 문제해결 전략 훈련과정을 거치면서 이들의 수학적 문제해결 전략이 어떻게 변화되는지를 알아보기 위해 남경욱(2003), 김현진(2007)이 사용한 검사지를 참고하여 연구자가 2학년 수준으로 재구성한 검사지다. 검사 도구의 내용은 Polya(1957)의 문제해결 과정에 따라 문제 이해, 계획 수립, 실행, 점검 단계로 구성되었으며, 총 10개의 하위 문항을 포함한다. 수학 문장제 문제해결 전략 수행 검사지 문항의 구성은 〈표 6-7〉과 같다.

〈표 6-7〉 수학 문장제 문제해결 전략 수행 검사지 문항의 구성

단계		하위 문항수
문제 이해능력	문제 읽기	3
	다른 말로 하기	1
	시각화	1
계획 수립능력	가설 설정	1
	계획하기	1
계획 실행능력	계산하기	1
점검능력	확인하기	1
	점검하기	1
총 문항수		10

④ 수학 문장제 문제해결력 검사

수학 문장제 문제해결력의 향상도를 측정하기 위해 학년 초 실시한 진단검사, 도교육청에서 주관한 학업성취도 평가 문제은행에서 문장제 문제를 추출하고, 2학년 수학교과서 수학 2-1, 수학 2-1의 수학익힘책 문장제 문제를 재구성하여 검사지를 개발하였다. 검사 도구에 대한 타당도는 연구자, 학교 교육경력 15년 이상의 담임교사 3명에게 검증을 받았다.

⑤ 중재 충실도 검사

중재 충실도를 측정하기 위해 김현진(2007)이 작성한 행동기록표를 연구자가 수정·보완하여 사용하였으며, 평가자의 신뢰도를 높이기 위해 동료교사에게 관찰 및 평가기준에 대한 훈련을 제공하고 대상 아동의 중재 기간에 약 4회를 무작위로 추출한 다음 검사지를 작성하여 충실도를 계산하였다.

2) 연구 절차

본 연구는 단일 대상 연구 방법의 대상자 간 중다간헐기초선설계법을 사용하였으며, 기초선, 중재, 유지 단계로 연구를 실시하였다. 독립변인은 인지적 전략 교수이고, 종속변인은 수학 문장제 문제해결 전략 수행능력과 수학 문장제 문제해결력이다.

(1) 실험 도구 및 자료

실험 도구로 사용한 인지적 전략 교수는 Montague(1992)가 사용한 인지적 전략을 김현진(2007)이 그림 그리기 단계와 다시 말하기 단계를 삭제하여 다섯 단계로 단순화한 것과 박영태(1990)가 제시한 수학 문제해결 모형을 결합하여 연구자가 수학 문장제 문제해결에 적합하도록 수정한 것이다.

본 연구의 중재 프로그램은 문제 이해, 계획 수립, 계획 실행, 점검의 문제해결 과정을 바탕으로 인지적 절차(문제 읽기, 시각화하기, 가설 설정, 계산하기, 확인하기)와 세 단계의 메타인지적 절차(자기교수, 자기질문, 자기점검)의 내용으로 구성하였다. 본 연구의 읽기 전략 교수는 문제가 무엇인지 크게 읽기, 중요한 단어를 찾아 밑줄 긋기, 적절한 계산법을 결정하고 식 세우기, 계산하기, 모든 것이 바른지 체크하기의 5단계 인지 전략과 각 단계마다 초인지 전략, 즉 자기교수, 자기질문, 자기점검을 할 수 있도록 훈련하였다.

① 문제 이해 단계: 문제가 무엇인지 크게 읽기, 중요한 단어를 찾아 밑줄 긋기

문제를 읽기 위해서는 문제 상황의 인식과 파악, 관련된 요소와 그들 사이의 관계 설정, 그리고 얻고자 하는 것을 명확하게 이해해야 하기 때문에 문제를 여러 번 읽고 그 안에 주어진 사실이나 조건의 의미를 신중하게 파악해야 한다. 따라서 학생은 문제를 읽고 스스로 교수(자기교수)하며, 문제를 읽고 이해하지 못했을 경우 다시 읽는다. 또한 자기질문을 통해 스스로 문제를 읽고 이해했는지 물어보고 자기점검으로 내가 문제를 읽고 이해했는지를 점검하였다.

다음으로, 학생은 중요한 단어를 찾아 밑줄 긋기를 시행하여 문제의 특징을 인식하고 그들이 정보–처리체계에 의하여 해석 가능한 방법으로 기호화하도록 하였다.

② 계획 수립 단계: 적절한 계산법을 결정하고 식 세우기

문제가 이해되었을 때 진행되는 단계로 자기교수 절차에서 몇 단계와 어떤 계산이 필요한지 결정하고 연산 상징기호를 쓰도록 하였으며, 자기질문으로 어떤 계산이 필요하고 몇 번이나 계산을 해야 하는지를 질문하고, 자기점검으로 세운 식이 적절한지를 점검하였다. 이때 교사는 교수 전략을 통해 학습자가 그들이 지니고 있는 지식을 활성화하여 문제의 의미와 요구하는 바를 정확하게 파악한 후 문제를 이해하고 해결 계획을 수립하도록 도와주어야 한다.

③ 계획 실행 단계: 계산하기

주어진 문제의 답을 구하기 위해 계획한 전략에 따라 실제로 활동해 보거나, 자료를 조작해 보고, 연필을 들고 종이에 그림을 그려 보거나 쓰면서 답에 접근해 가는 단계로 자기교수를 통해 바른 순서로 계산을 하도록 교수하고, 자기질문으로 바른 순서로 계산을 하였는지 질문하며, 마지막으로 모든 계산이 올바른 순서로 진행되었는지 자기점검한다.

④ 점검 단계: 모든 것이 바른지 체크하기

문제해결의 마지막 단계로 모든 것이 바른지 체크하는 확인의 절차다. 자기교수 절차로 검산식을 세워 계산을 검토해 보고, 자기질문으로 계산을 검토했는지 혹은 답이 옳은지를 질문한다. 그리고 자기점검으로 모든 것이 정확한지 확인하고 그렇지 않다면 처음부터 다시 시작하거나 도움을 요청하도록 하였다.

(2) 실험 처치

① 기초선

2009년 9월 1일부터 14일까지 연구자의 교실에서 방과 후 활동시간을 활용하여 기초선이 측정되었다. 기초선 기간에는 인지적 전략 교수를 하지 않고 수학 문장제 문제해결 평가과제를 제시하여 대상 아동들에게 풀이를 실시하도록 하면서 안정세를 보일 때까지 이를 반복하여 결과를 기록하였다.

② 중재 단계

중재는 2009년 9월 15일부터 10월 10일까지 제공되었으며, 연구자에 의해 활동소개의 도입시간 5분, 활동의 전개 20분, 정리 및 평가시간 15분으로 매 회기별 총 40분씩 진행되었다. 중재 처음 단계에서 인지적 전략에 따른 문제해결 전략의 중요성과 구성을 설명하고 인지적 전략을 익히도록 하였다. 중재 2회기 이후에는 아동들의 인지적 전략 교수의 효과를 객관적으로 관찰하기 위해 인지적 전략 안내 자료를 아동에게 제공하고 연구자의 역할을 최소화하였다. 또한 연구자는 인지적 전략을 교수하는데 아동들이 문제해결 전략을 습득하고 적용할 수 있도록 하기 위해 그들에게 명확하게 가르치는 것, 모델링의 과정, 언어적 시연, 유지와 일반화를 강조하면서 아동들의 결과를 평가하는 것을 포함하였다.

교사의 교수가 끝난 매 회기 마지막 20분 동안에는 아동들이 문제해결 전략 수행과정에 대한 평가를 실시하였다. 수학 문장제 문제해결 전략 수행과제는 시험지 형태로 제작하는데 문제와 하위 문항 10문항이 함께 보이도록 구성하였으며, 문제해결 전략 수행과정을 나타낼 수 있도록 적절한 공간을 주었다. 문제를 제시하면 아동으로 하여금 문제를 소리 내어 읽게 한 후 문제를 풀도록 하였다. 한 회기에 주어지는 문제는 10개의 하위 문항이 있는 10문제이며, 연구자는 학습자의 수학 문장제 문제해결 전략 수행평가 문제 답안을 채점하여 정확하게 풀이한 것의 점수를 합산한 후 수학 문장제 문제해결 전략 수행 정도를 계산하여 기록하였다.

③ 유지 단계

인지적 전략 교수 중재의 효과가 중재가 종료된 후에도 유지되는지를 확인하기 위해 중재가 종료된 후 1주일 뒤에 각 아동에게 총 3회기의 유지검사를 실시하였다. 모든 관찰과 기록은 기초선 기간과 동일한 조건에서 이루어졌고, 검사문제는 유지효과 측정을 위한 수학 문장제 문제해결 전략 평가를 실시하였다.

④ 중재 충실도

평가자의 신뢰도를 높이기 위해 동료교사에게 관찰 및 평가기준에 대한 훈련을 제공하고 대상 아동의 중재 기간에 약 4회를 무작위로 추출한 다음 검사지를 작성하여 충실도를 계산한 결과 평균 85.00%의 충실도가 평가되었다.

(3) 자료 처리

매 회기가 끝난 후 대상 아동의 수학문제 카드를 채점기준에 맞춰 채점하고 정답 수를 산출하였다. 각 단계별 하위 문항의 배점은 질문에 따라 10점으로 하여 문제이해 50점, 계획 수립 20점, 계획 실행 10점, 점검 20점으로 총 100점이다. 수학 문장제 문제해결력의 변화는 사전, 사후 검사를 통해 측정되었다.

본 연구의 자료 처리는 수량적 접근에 의한 통계적 분석을 실시하였으며, 문제해결 전략 교수 활용 및 문제해결능력을 백분율 표로 제시한 후 그래프로 나타냈다.

3) 연구 결과

(1) 문제해결 전략 수행 전체 능력에 미치는 효과

기초선 상태에서의 성취도는 29점에서 43점까지 분포되어 있으며 세 아동의 평균 성취도는 32.49점이었다. 이를 통해 연구 대상 아동들은 35점 미만의 낮은 성취도를 보였으며, 수학 문장제 문제해결에 대한 효과적인 전략적 지식을 갖추고 있지 않음을 확인하였다. 중재 상태에서의 성취도는 36점에서 73점까지 분포되어 있으며 세 아동의 중재 단계의 평균 성취도는 56.22점으로 평균 23.73점이 향상되었고, 기초선 대비 73.03%의 향상도를 보였다. 중재를 마치고 나서 1주일 후 연속 3회기에 걸쳐 실시한 유지검사 결과, 연구 대상 아동들의 성취도는 68점에서 81점까지 분포되어 있으며, 유지 단계의 평균 성취도는 73.22점이었다. 기초선에 비해 평균 40.73점이 향상되었으며 기초선 대비 127%의 향상도를 보였다.

연구 대상 아동별 수학적 문제해결 전략 과제 수행능력의 변화를 보면, A아동의 경우 기초선에서 비교적 빠르게 안정세를 보였고, 중재에 즐겁게 참여하였다. 인지적 전략 교수에 대해 적극적인 자세로 참여하였으나 평소 집중력이 떨어지는 A아동의 특성 때문에 같은 내용에 대한 반복 질문과 자신이 해결한 결과에 대한 확인 질문이 많았으며, 스스로 해결하고 절차를 밟아 문제를 해결하기보다는 연구자와 무조건 함께하려고 하였다. 7회기까지는 문제해결 전략 수행 검사 결과에 큰 변화가 없었으나

10회기부터는 70점 이상의 수준을 보였다. 총 14회기의 중재 기간과 유지 기간을 거치는 동안 전체적으로 기초선 대비 147.3%의 향상도를 보여 다른 대상자들에 비해 가장 높은 점수를 유지하였다. 인지적 전략 교수를 받은 결과 수학적 문제해결 수행 능력이 중재 이후 급격하게 상승하여 유지 단계에서까지 높은 점수를 유지하는 것을 확인할 수 있었다.

　B아동의 경우도 기초선에서 비교적 빠르게 안정세를 보였고, 중재에 즐겁게 참여하였다. 인지적 전략 교수 1단계 '문제가 무엇인지 이해하기 위해 크게 읽기'에서는 다른 어느 아동보다 큰 소리로 읽고 적극적으로 단계 수행을 하지만, 문제의 글자를 정확하게 읽지 못하였다. B아동은 문제를 확실하게 이해할 때까지 크게 읽는 것에 더 신경을 썼다. 문제를 전혀 이해하지 못한 상태에서 기계적으로 보이는 수로만 식을 세우고 수학문제를 해결하여 8회기에는 낮은 점수를 보였다. 결과가 좋지 않을 때는 꼭 다시 해결해 보려고 하는 적극성을 보였지만, 중재 기간에 세 아동 중 가장 낮은 향상도를 보였다.

　C아동의 경우, 인지적 전략 교수에 가장 소극적으로 임했는데 인지적 전략 교수를 수행하는 도중에 다른 것에 신경을 쓰고 빨리 중재가 끝나기만을 기다리는 아동이었다. 특히 '문제가 무엇인지 이해하기 위해 크게 읽기'에서 눈으로만 읽고, 각 단계의 절차를 밟기보다는 바로 식을 쓰고 식에 대한 답도 신중하게 풀이하지 않아 실수를 하는 경우가 많았다. 모르는 문제가 나오면 쉽게 포기하려고 하고 점검 단계인 5단계는 그냥 넘기는 경우가 많았다. 그러나 느린 듯하면서도 차분히 생각해 가며 중재에 참여하여 조금씩 점수가 향상되었고, 유지 기간에도 70점 이상의 점수를 유지하였다.

(2) 문제해결 전략 수행 하위능력에 미치는 영향

① 문제 이해능력

　문제 이해 수행과제 성취도에서 기초선 상태에서의 성취도는 전체 50점 만점에 21~34점까지 분포되어 있고 평균 성취도는 25.28점이었다. 중재 단계에서의 성취도는 전체 50점 만점에 25~42점까지 분포되어 있으며, 세 아동의 중재 단계 평균 성취도는 33.38점이었다. 중재 회기 중의 향상 정도를 살펴보면, 평균 8.10점 향상되어 기초선 대비 32.04%의 향상도를 보였다. 유지 단계에서의 성취도는 평균 38.78이고,

기초선에 비해 13.5점 향상하였으며 54%의 향상도를 보였다.

A아동은 문제 이해 수행과제 성취도에서 기초선 회기 중에는 전체 50점 만점에 평균 24.33점이었고, 중재 기간에는 평균 35.45점으로 평균 11.12점이 향상되어 기초선 대비 45.7%의 향상도를 보여 세 아동 중에 가장 많이 향상되었다. 유지 기간에는 평균 45점으로 평균 기초선에 비해 20.67점이 향상되었으며 85%의 향상도를 보였다. 인지적 전략 교수가 진행되는 동안 문제 이해 수행과제 성취도가 꾸준히 향상되었으며 다른 대상자들에 비해 가장 높은 점수를 유지하였다.

B아동은 문제 이해 수행과제 성취도에서 기초선 회기 중에는 전체 50점 만점에 평균 24.50점이었고, 중재 기간에는 평균 34.80점으로 평균 10.30점이 향상되어 기초선 대비 42.04%의 향상도를 보였다. 유지 기간에는 평균 38점으로 기초선에 비해 13.50점이 향상되어 56%의 향상도를 보였다. B아동은 인지적 전략 교수가 진행되는 동안 문제 이해 수행과제 성취도가 안정적이지 못하였다. 중재가 초기에 향상을 보이는 것 같더니 9회기 때는 기초선과 비슷한 점수를 얻었다. 문제 이해 수행과제 성취도 점수가 상승과 하락을 반복하여 세 아동 중에서 가장 낮은 향상을 보였는데 B아동의 읽기 능력이 다른 대상자보다 낮아 문제 이해의 어려움이 있었다.

C아동은 문제 이해 수행과제 성취도에서 기초선 회기 중에는 전체 50점 만점에 평균 27점이었고, 중재 기간에는 평균 29.89점으로 평균 2.89점이 향상되어 기초선 대비 10.70%의 향상도를 보였다. 유지 기간에는 평균 33.33점으로 기초선에 비해 평균 6.33점이 향상되어 24%의 향상도를 보였다. C아동은 9회기, 10회기에 높은 점수를 보였는데, 자신이 선호하는 문제와 관심있는 분야의 문장제 문제라 집중력이 좋았다. 그 후로는 점수의 향상이 안정적이지 않았고, 세 아동 중 가장 낮은 향상도를 보였다.

② 문제해결 계획 수립능력

문제해결 계획 수립에서 기초선 상태에서의 수행과제 성취도는 20점 만점에 2~6점까지 분포되었으며 세 아동의 평균 성취도는 4.54점이다. 중재 단계의 성취도는 20점 만점에 3~19점까지 분포되어 있고, 세 아동의 평균 성취도는 12.75점으로 8.21점 향상되었으며 기초선 대비 180.83%의 향상도를 보였다. 유지 단계에서의 성취도는 평균

17.67점으로 기초선에 비해 13.13점이 향상되어 290%의 향상도를 보였다.

A아동은 문제해결 계획 수립 수행과제 성취도에서 기초선 회기 중에는 전체 20점 만점에 평균 3.67점이었고, 중재 기간에는 평균 13.18점으로 평균 9.51점이 향상되어 134.8%의 향상도를 보였다. 유지 기간에는 평균 18.67점으로 15점이 향상되어 409%의 향상도를 보였다. 6회기에는 기초선과 비슷한 수준의 점수로 떨어졌는데 문제 이해 단계에서는 비교적 안정적으로 상승한 회기인데 낮은 점수를 획득한 것은 아동 자신이 문제를 정확하게 이해하지 못해 계획을 수립하지 못한 결과다.

B아동은 문제해결 계획 수립 수행과제 성취도에서 기초선 회기 중에는 전체 20점 만점에 평균 5.75점이었고, 중재 기간에는 평균 13.50점으로 평균 7.75점이 향상되어 134.8%의 향상도를 보였다. 유지 기간에는 평균 17점으로 기초선에 비해 11.25점이 향상되어 196%의 향상도를 보였으나 세 아동 중 가장 낮은 향상도다. 12회기 때 낮은 점수를 획득하였는데, 이것은 적절한 계산법 설정에 실패하여 식을 잘못 세웠기 때문이다. 자기교수, 자기질문, 자기점검을 귀찮아하며 실행에 옮기지 않으려 했던 회기에 나타난 결과다.

C아동은 문제해결 계획 수립 수행과제 성취도에서 기초선 회기 중에는 전체 20점 만점에 평균 4.20점이었고, 중재 기간에는 평균 11.56점으로 평균 7.36점이 향상되어 173.8%의 향상도를 보였다. 유지 기간에는 평균 17.33점이었으며 기초선에 비해 13.13점이 향상되어 313%의 향상도를 보였다. 중재 초기에 상승하다가 13, 14회기에 중재 점수가 낮아졌는데 C아동의 특성인 인내심이 부족하여 쉽게 포기하고 중재 프로그램 참여를 힘들어하던 시기여서 나타난 결과다.

③ 문제해결 계획 실행능력

문제해결 계획 실행에서 기초선 상태에서의 성취도는 10점 만점에 0~4점까지 분포되어 있으며 세 아동의 문제해결 계획 실행 수행과제 평균 성취도는 2.37점이었다. 중재 단계의 성취도는 10점 만점에 0~10점까지 분포되어 있으며 평균 성취도는 6.40점이었다. 중재 단계에서 평균 4.03점이 향상되었고 기초선 대비 180.83%의 향상도를 보였다. 유지 단계의 성취도는 평균 8.11점이고, 기초선에 비해 5.74점이 향상되어 242.19%의 향상도를 보였다.

A아동의 문제해결 계획 실행 수행과제 성취도에서 기초선 회기 중에는 전체 10점 만점에 평균 3점이었고, 중재 기간에는 평균 7.36점으로 4.36점이 향상되어 145.3%의 향상도를 보였다. 유지 기간에는 평균 9.67점으로 기초선에 비해 6.67점이 향상되어 222.3%의 향상을 보였다. A아동은 다른 아동들에 비해 비교적 작은 변화로 성취도가 향상되었다. 인지적 전략 교수 후 평가 방식에 익숙하지 않을 때는 단순한 계산을 하는 것임에도 대충 보아 넘겨 해결하지 못한 경우가 있어서 성취도가 낮았다.

B아동은 문제해결 계획 실행 수행과제 성취도에서 기초선 회기 중에는 전체 10점 만점에 평균 2.50점이었다. 중재 기간에는 평균 6.50점으로 평균 4점이 향상되어 160%의 향상도를 보였다. 유지 기간에는 평균 8.33점으로 기초선에 비해 5.83점이 향상되어 233.2%의 향상도를 보였다. 세 아동 중에 변화의 폭이 가장 크고 가장 낮은 향상도를 보였는데, 6회기, 8회기 때 인지적 전략 교수의 중재를 싫어하더니 실행 수행과제를 성의없이 해결하여 점수를 얻지 못하였다.

C아동은 문제해결 계획 실행 수행과제 성취도에서 기초선 회기 중에는 전체 10점 만점에 평균 1.60점이었고, 중재 기간에는 평균 5.33점으로 3.73점이 향상되어 233.13%의 향상도를 보였다. 유지 기간에는 평균 6.33점으로 기초선에 비해 4.73점이 향상되어 295.63%의 향상도를 보였고 세 아동 중에 가장 많이 향상되었다. 중재 초기에는 적은 변화를 보였으나 12회기에 큰 점수로 상승한 후 안정적으로 계획 실행 수행과제를 해결하였다.

④ 문제해결 점검능력

문제해결 점검에서 기초선 상태에서의 성취도는 20점 만점에 0~2점까지 분포되어 세 아동의 평균 성취도는 0.72점이었다. 중재 단계의 성취도는 20점 만점에 0~12점까지 분포되어 평균 성취도는 4.15점으로 3.43점이 향상되어 476.38%의 향상도를 보였다. 유지 단계의 성취도는 평균 5.18점이고 기초선에 비해 4.46점이 향상되어 719.44%의 향상도를 보였다. 수학 문장제 문제해결 수행능력의 4개 하위능력 중 가장 많은 향상도를 보였다. 인지적 전략 교수 이전에는 전혀 점검해 보려 하지 않았으나 인지적 전략 교수 후에는 해결한 문제를 다시 한 번 살펴보게 되었으며 대상 아동들은 스스로 문제 점검을 할 수 있게 되었다면서 자신감을 보이기도 하였다.

A아동은 문제해결 점검 수행과제 성취도에서 기초선 회기 중에는 10점 만점에 평균 1.67점으로 낮은 성취도를 보였으며 10회기까지 전혀 변함이 없었다. 10회기 이후에는 향상이 되었고 유지되었으나 3명의 대상 아동 중 가장 낮은 향상도를 보였다.

B아동은 문제해결 점검 수행과제 성취도에서 기초선 회기 중에는 10점 만점에 0.50점으로 낮은 성취도를 보였으며, 8회기까지는 점수를 얻지 못하였다. 중재 기간에는 평균 4.50점으로 4점이 향상되었으며, 유지 기간에는 기초선에 비해 5.83점이 향상되었다.

C아동은 문제해결 점검 수행과제 성취도에서 14회기까지 전혀 점수를 얻지 못하였다. 하지만 인지적 전략 교수로 점검 단계를 습득한 뒤에는 세 아동 중에 가장 많은 점수의 향상이 있었다. 자신이 세운 식을 검산식으로 고치는 것에 재미를 느껴 검산식을 세워 계산을 검토하는 과정을 좋아하게 되었다.

(3) 문제해결 전략 수행 전체 능력에 미치는 효과

A아동은 사전 검사에서 30점이었지만 사후 검사에서 80점으로 50점이 향상되어 세 아동 중에서 가장 큰 효과를 나타냈다. B아동은 사전 검사에서 40점이었지만 사후 검사에서는 60점으로 20점이 향상되었다. C아동은 사전 검사에서 30점이었지만 사후 검사에서는 60점으로 30점이 향상되었다. 세 아동의 사전 검사 평균은 33.33점으로 낮은 성취 수준을 보였으나, 사후 검사에서는 평균이 66.67점으로 33.34점이 향상되어 100%의 향상도를 보였다.

참고문헌

박경숙, 윤점룡, 박효정(1989). 기초학습기능검사. 서울: 한국교육개발원.

남경욱(2003) 자기주정 전략 훈련이 정신기체 이동의 수학 문장제 문세해설력에 미치는 영향. 단국대학교 대학원 석사학위논문.

김현진(2007). 인지와 메타인지 전략 교수가 경도장애 아동의 수학 문장제 문제해결 수행능력 · 태도 · 귀인에 미치는 영향. 이화여자대학교 대학원 박사학위논문.

Montague, M. (1992). The effects of cognitive and metacognitive strategy instruction on the mathematical problem solving of middle school students with learning disabilities. *Journal of Learning Disabilities, 25*, 230–248.

Polya, G. (1957). *How to solve it*. Princeton, NJ: Princeton University Press.

교사 주도적 전략의 예시

5
직접 교수 수업 지도안

단원(제재)	4. 곱셈		대상 학년	3학년
본시 주제	받아올림이 있는 두 자리 수×한 자리 수			
차시	○/9	활용 전략	직접 교수	
교수–학습 목표	– 문장제 문제를 읽고 받아올림이 있는 두 자리 수와 한 자리 수의 곱셈식을 세워 정확하게 계산할 수 있다.			

단계	학습 요소	교수–학습 활동 교사	교수–학습 활동 학생	시간	자료(◎) 및 유의점(※)
문제 확인	주의집중	• (핸드벨을 두 번 울린다.) • 이제 수업을 시작해요. 우리 '구구단을 외자' 게임을 해 볼까요? • 모두 잘했어요.	– 네. 네. 선생님 – 구구단을 외자~ $4×6=24, 5×9=45,$ ……	6′	◎핸드벨
	전시 학습 상기	• 지난 시간에 배운 내용을 잘 기억하고 있는지 확인해 봅시다. • 24×3은 얼마일까요? • 미니 화이트보드에 풀어 보세요. (1분의 시간을 준다.) • 다 풀었나요? 그럼 답을 들어 볼까요? • 모두 잘 풀었네요. 답을 말해 볼까요?	– 네. – 네. – 72입니다.		◎개인용 미니화이트보드와 마커

		• 그러면 선생님과 함께 다시 순서대로 풀어 볼까요?	– 네.	
		• 먼저 무엇부터 해야 하나요?	– 모양이 두 자리 수× 한 자리 수인지 알아봐요.	
		• 그다음은 무엇을 하나요?	– 가로셈을 세로셈으로 고쳐요.	
		• $\frac{24}{\times 3}$ 과 같이 쓰나요?	– 네. 자리를 맞추어 써요.	
		• 그다음에는 어떻게 하나요?	– 4×3을 계산해서 2를 일의 자리에 쓰고 1을 십의 자리 수 2위에 씁니다.	
		• 그다음에는 무엇을 하나요?	– 2×3을 계산하고 1을 더해 2앞에 7를 씁니다. 답은 72가 됩니다.	
		• 지난 시간에 공부한 것을 잘 알고 있군요. 이번 시간 공부도 잘 할 수 있을 것 같네요.		
	동기 유발	• 우리 지난 현장학습을 어디로 갔었나요?	– 비행기 체험관이요.	
		• 맞아요. 비행기 체험관에서 여러분들이 비행기를 타기 위해 줄을 서 있는 모습을 선생님이 사진으로 찍어 보았어요. 비행기 타기 체험을 위해 학생들이 3대의 비행기 앞에 각각 15명씩 줄을 서 있네요. 그렇다면 비행기를 타려고 하는 학생은 모두 몇 명인지 어떻게 알 수 있을까요?	– 비행기 앞에 줄 서 있는 학생수를 더해요./ 곱해요.	◎사진과 문제 PPT

		• 네. 덧셈으로 해도 되고 곱셈으로 해도 됩니다. 그런데 이번 시간에는 곱셈을 이용해서 문제를 해결해 보도록 할 거예요.			
	제시	• 이번 시간에 공부할 문제는 다음과 같아요. 함께 읽어 볼까요? ┌ 학습목표 ┐ 수학 문장제 문제를 읽고 두 자리 수와 한 자리 수의 곱셈문제를 정확하게 계산해 봅시다.	– 함께 학습 목표를 읽는다.		
문제해결 방법 탐색하기	시범	• 다음 문제를 읽어 봅시다. 우리 학교 3학년 학생들은 비행기 체험관에서 18명씩 4모둠으로 앉아 모형 비행기를 만들었습니다. 만들어진 모형 비행기는 모두 몇 대입니까? • 먼저, 선생님이 어떻게 푸는지 잘 듣고 보세요. • 먼저, 문제를 잘 읽습니다. 그리고 문제에서 내가 구해야 하는 것, 알고 있는 것, 불필요한 것이 무엇인지 생각해 봅니다. 이 문제에서는 내가 구해야 하는 것은 만들어진 모형 비행기의 수입니다. 그리고 내가 알고 있는 것은 한 모둠에 18명이 있고 모두 4모둠이 있다는 것입니다.	– (문제를 읽는다.) – 네.	10′	※폴리아의 문제해결 4단계를 적용하여 문제풀이 방법을 지도한다.

		• 문제 속에 내가 문제를 푸는 데 필요한 정보가 다 있나요?	− 네. 불필요한 정보도 없습니다.	
		• 다음으로 문제를 해결하기 위해 계획을 세워 봅니다.		
		• 한 모둠에 18명이 있고 모두 3모둠이 있습니다. 이것을 수모형으로 나타내 볼까요?	− (PPT를 본다.)	◎수모형 PPT
		• 그러면 이제 이것을 식으로 나타내 볼까요? 그림을 보니 모형 비행기가 18개씩 3묶음이 있네요. 따라서 덧셈으로 나타내면 18+18+18이 되겠네요. 그런데 같은 수의 덧셈이니까 곱셈으로도 나타낼 수 있겠죠?	− 네. 18이 3개 있으니까 18×3으로 나타낼 수 있어요.	
		• 네. 맞았어요. 18×3이죠. 그럼 지난 시간에 배운 내용을 떠올리며 이것을 계산해 볼까요? 답은 얼마인가요?	− 답은 54입니다.	
		• 네. 잘했어요. 마지막으로 구한 결과가 맞는지, 문제의 조건에 맞게 풀었는지 다시 검토해 봅니다. (위의 과정을 한 번 더 설명한다.)	− 네.	

문제해결 하기	유도	• 그럼 선생님과 함께 활동지 1번부터 함께 풀어 봅시다.			20′	◎활동지 1
		• 먼저, 문제를 읽고 구해야 하는 것, 내가 알고 있는 것, 필요한 것과 불필요한 것이 무엇인지 생각해 봅니다.	– (문제를 읽는다.)			
		• 구해야 하는 것은 무엇인가요?	– 재석이가 먹은 빼빼로의 수입니다.			
		• 알고 있는 것은 무엇인가요?	– 한 상자에 들어 있는 빼빼로 수와 재석이가 먹은 빼빼로 상자 수입니다.			
		• 필요하거나 불필요한 것은 없나요?	– 없습니다.			
		• 그다음으로 무엇을 해야 하나요?	– 수모형으로 나타냅니다.			◎수모형
		• 수모형으로 표현해 볼까요?				
		• 그렇다면 식을 어떻게 세울 수 있을까요?	– 16개씩 2상자이므로 16×2입니다.			
		• 네. 답은 얼마인가요?	– 답은 32입니다.			
		• 풀이과정을 다시 한 번 살펴보고 잘못된 부분이 없는지 확인해 봅니다.	– (풀이과정을 다시 확인한다.)			
		• 2번 문제도 함께 읽고 풀어 봅시다.				
		• 구해야 하는 것은 무엇인가요?	– 세 발 자전거의 바퀴 수입니다.			
		• 알고 있는 것은 무엇인가요?	– 세발자전거 수입니다.			
		• 필요하거나 불필요한 것은 없나요?	– 없습니다.			

		• 그다음으로 무엇을 해야 하나요?	- 수모형으로 나타냅니다.	
		• 수모형으로 나타내 볼까요?		
		• 그렇다면 식을 어떻게 세울 수 있을까요?	- 한 자전거 바퀴 수는 3개이므로 37×3입니다.	
		• 네. 답은 얼마인가요?	- 답은 111입니다.	
		• 풀이과정을 다시 한 번 살펴보고 잘못된 부분이 없는지 확인해 봅니다.	- (풀이과정을 다시 확인한다.)	
		• 3번 문제는 여러분이 하는 대로 선생님이 풀어 볼게요. 처음부터 차근차근 풀이과정을 이야기해 봅시다.		
		• 먼저, 무엇을 하죠?	- 구해야 할 것을 찾습니다. 이 문제에서는 하하가 1년 동안 읽는 책의 수입니다.	
		• 다음은요?	- 알고 있는 것을 확인합니다. 한 달에 6권을 읽는 것입니다.	
		• 그다음은?	- 수모형으로 나타냅니다.	
		• 그러고요?	- 식을 세웁니다. 1년은 12달이기 때문에 12×6입니다. 답은 72입니다.	
		• 네. 정말 잘했어요. 이젠 혼자서도 잘할 수 있겠네요.		

	점검	• 이번에는 여러분 혼자 문제를 읽고 해결해 봅시다. • 활동지에 있는 문제를 읽어 봅니다. 선생님과 함께했던 것을 생각하면서 먼저 1번 문제를 풀어 화이트보드에 식과 답을 써 봅시다. • 식과 답은 어떻게 되나요? 여러분의 화이트보드를 들어 보세요. • 네. 맞았어요. 잘했어요. • 2번 문제를 읽고 식을 세워 답을 구해 봅시다. • 3번 문제를 읽고 식을 세워 답을 구해 봅시다.	- 23×4=92입니다. - 45×3=135입니다. - 36×7=252입니다.		◎활동지 2
적용 및 발전	검토	• 오늘 공부를 잘 했으니, 수업 시작할 때 보았던 문제를 해결할 수 있겠죠? • 문제를 확인하고, 계획을 세워 문제를 해결하고 검토해 봅시다. 그러면 식과 답을 화이트보드에 써 볼까요? • 네. 잘했어요.	- 네. - 15×3=45입니다.	4′	
	과제 제시	• 오늘 배운 것을 잊어버리지 않으려면 어떻게 해야 할까요? • 선생님이 내 준 문제를 잘 풀어 오도록 합니다. 할 수 있겠죠?	- 집에서 복습을 해야 해요. - 네.		◎가정학습 문제지

차시 예고	• 다음 시간에는 두 자리 수끼리의 곱셈을 배워 봅시다.	– 네.		

❏ 본시 평가 계획

평가 내용	평가 시기	평가 방법
■ 문장제 문제를 읽고 받아올림이 있는 두 자리 수와 한 자리 수의 곱셈식을 세워 정확하게 계산할 수 있는가?	유도 및 점검 활동	관찰 및 활동지

6
직접 교수 활동지

교과: 수학	단원(차시):	4. 곱셈 (○/9)
학년: 3-1		(두 자리 수) × (한 자리 수)

초등학교
3 학년　반　번

　함께 풀어요!

❏ 다음 문제를 읽고 수모형으로 나타낸 후, 식을 쓰고 답을 구해 봅시다.

1. 재석이는 빼빼로 2상자를 먹었습니다. 한 상자에는 빼빼로가 16개가 들어 있습니다. 재석이가 먹은 빼빼로는 몇 개일까요?

수모형:

식:　　　　　　　　　　　　　　　　　　　　　　　　답:

2. 세 발 자전거가 37대 있습니다. 자전거의 바퀴는 모두 몇 개입니까?

수모형:

식:　　　　　　　　　　　　　　　　　　　　　　　　답:

3. 홍길이는 한 달에 책을 8권 읽기로 했습니다. 홍길이가 1년 동안 읽어야 할 책은 몇 권입니까?

수모형:

식:　　　　　　　　　　　　　　　　　　　　　　　　답:

교과: 수학	단원(차시):	**4. 곱셈 (○/9)**
학년: 3-1		**(두 자리 수) × (한 자리 수)**

초등학교
3 학년   반   번

활동지 2 | **혼자 풀어요!**

❑ **다음 문제를 읽고 수모형으로 나타낸 후, 식을 쓰고 답을 구해 봅시다.**

1. 탁구공이 한 상자에 23개씩 들어 있습니다. 4상자에 들어 있는 탁구공은 모두 몇 개입니까?

수모형:

식: 답:

2. 학교 강당에 의자를 한 줄에 45개씩 3줄을 늘어놓았습니다. 강당에 놓여 있는 의자는 모두 몇 개입니까?

수모형:

식: 답:

3. 아나바다 행사를 위해 한 반에서 물건 36개씩을 모았습니다. 7개 반에서 모은 물건은 모두 몇 개입니까?

수모형:

식: 답:

교과: 수학	단원(차시):	4. 곱셈 (○/9)
학년: 3–1		(두 자리 수) × (한 자리 수)

초등학교
3 학년 　 반 　 번

집에서 복습을!

❑ 다음 문제를 읽고 수모형으로 나타낸 후, 식을 쓰고 답을 구해 봅시다.

1. 크레파스 한 통에 크레파스 24개가 들어 있습니다. 그렇다면 크레파스 4통에는 크레파스가 모두 몇 개 들어 있습니까?

수모형:

식:　　　　　　　　　　　　　　　　　　　　　　　　　　　　답:

2. 준하는 동화책을 하루에 18쪽 읽었습니다. 1주일 동안에는 모두 몇 쪽을 읽었습니까?

수모형:

식:　　　　　　　　　　　　　　　　　　　　　　　　　　　　답:

3. 사탕 한 봉지를 사서 세 사람이 똑같이 나누어 가졌습니다. 한 사람이 가진 사탕이 26개였다면 사탕 한 봉지에는 사탕이 몇 개 들어 있었습니까?

수모형:

식:　　　　　　　　　　　　　　　　　　　　　　　　　　　　답:

7

직접 교수 평가지

교과: 수학	단원(차시): 4. 곱셈 (○/9)
학년: 3–1	(두 자리 수) × (한 자리 수)

초등학교
3 학년   반   번

평가지 1   **함께 풀어요!**

❏ 다음 문제를 읽고 수모형으로 나타낸 후, 식을 쓰고 답을 구해 봅시다.

1. 재석이는 빼빼로 2상자를 먹었습니다. 한 상자에는 빼빼로가 16개가 들어 있습니다. 재석이가 먹은 빼빼로는 몇 개일까요?

수모형:

식: 16×2   답: 32 개

2. 세 발 자전거가 37대 있습니다. 자전거의 바퀴는 모두 몇 개입니까?

수모형:

식: 37×3   답: 111 개

3. 홍철이는 한 달에 책을 6권 읽기로 했습니다. 홍철이가 1년 동안 읽어야 할 책은 몇 권입니까?

수모형:

식: 12×6   답: 72 권

교과: 수학	단원(차시):	4. 곱셈 (○/9)	
학년: 3-1		(두 자리 수) × (한 자리 수)	초등학교 3 학년 반 번

평가지 2 ┊ **혼자 풀어요!**

❏ 다음 문제를 읽고 수모형으로 나타낸 후, 식을 쓰고 답을 구해 봅시다.

---

1. 탁구공이 한 상자에 23개씩 들어 있습니다. 4상자에 들어 있는 탁구공은 모두 몇 개입니까?

수모형:

식: 23×4   답: 92 개

---

2. 학교 강당에 의자를 한 줄에 45개씩 3줄을 늘어놓았습니다. 강당에 놓여 있는 의자는 모두 몇 개입니까?

수모형:

식: 45×3   답: 135 개

---

3. 아나바다 행사를 위해 한 반에서 물건 36개씩을 모았습니다. 7개 반에서 모은 물건은 모두 몇 개입니까?

수모형:

식: 36×7   답: 252 개

교과: 수학	단원(차시): **4. 곱셈 (○/9)**	
학년: 3-1	**(두 자리 수) × (한 자리 수)**	초등학교 3 학년 반 번

집에서 복습을!

❏ 다음 문제를 읽고 수모형으로 나타낸 후, 식을 쓰고 답을 구해 봅시다.

---

1. 크레파스 한 통에 크레파스 24개가 들어 있습니다. 그렇다면 크레파스 4통에는 크레파스가 모두 몇 개 들어 있습니까?

수모형:

식: 24×4   답: 96 개

---

2. 준하는 동화책을 하루에 18쪽 읽었습니다. 1주일 동안에는 모두 몇 쪽을 읽었습니까?

수모형:

식: 18×7   답: 126 쪽

---

3. 사탕 한 봉지를 사서 세 사람이 똑같이 나누어 가졌습니다. 한 사람이 가진 사탕이 26개였다면 사탕 한 봉지에는 사탕이 몇 개 들어 있습니까?

수모형:

식: 26×3   답: 78 개

8

CGI 수업 지도안

단원(제재)	2. 곱셈과 나눗셈		대상 학년	4학년
본시 주제	자연수의 사칙연산			
차시	○/12	활용 전략	인지적으로 안내된 교수	
교수-학습 목표	– 인지적으로 안내된 교수를 활용하여 (세 자리 수)÷(몇 십) 원리가 적용된 문장제 문제를 이해하고 몫과 나머지를 구할 수 있다.			

단계	학습 요소	교수-학습 활동	시간	자료(◎) 및 유의점(※)
문제 확인	선수 학습 상기	♣ **선수 학습 상기** ▷ 질문을 통해 (두 자리 수)÷(한 자리 수) 복습하기 • 84÷4 문제를 통해 각자 생각할 시간을 주고 풀이과정 발표하기	5′	◎질문 ppt

	동기 유발	♣ **학습 동기 유발하기**
		▷ '진짜 사나이' 동영상을 보고 문제 확인하기
		• 헨리는 어떤 어려움을 가지고 있나요?
		  – 초코파이 10박스를 받았는데 소대원 10명에게 몇 개씩 나눠야 할지 몰라요.
		• 초코파이 1박스에 몇 개의 초코파이가 들어 있나요?
		  – 초코파이 1박스에는 12개가 들어 있어요.
		• 각자 생각하는 문제해결 과정을 노트에 작성해 보아요.
		• 학생들이 생각하는 풀이방법을 확인해 본다.
				◎'진짜 사나이' 동영상 클립

	교수법 소개하기	♣ **인지적으로 안내된 교수 소개하기** • 인지적으로 안내된 교수란 학생들이 가지고 있는 전략을 관찰하고 그 결과를 교사가 알게 하여, 학생들의 사고를 이해하고 개념을 구성하는 것을 도와주는 방법이에요.		

	학습 문제 확인	❖ 학습 문제 확인하기		◎ppt
		(세 자리수)÷(몇 십)의 계산원리를 이해하고 몫과 나머지를 구할 수 있다.		
	학습 활동 안내	〈활동 1〉 160 ÷ 20 알기 〈활동 2〉 175 ÷ 20 알기 〈활동 3〉 미션 해결하기		
문제해결 방법 탐색하기	활동 1 인지적으로 안내된 교수	❖ 〈활동 1〉 160 ÷ 20 알기 ▷ 교사는 문제를 칠판에 제시한다. • 다음 문제를 읽어 봅시다.	10′	※인지적으로 안 내된 교수를 활용하여 해결 할 문제를 소 개한다.
		찬수는 초콜릿을 160개 가지고 있었는데 같은 반 친구들 20명에게 나누어 주고자 한다. 몇 개 씩 나누어 주어야 하는가?		
문제해결 하기		• 이 문제를 해결하기 위해 어떻게 해야 하나요? • 연습지(A4)를 한 장씩 나누어 주고 각자 문제 에 대해 생각해 볼 시간을 준다. 문제를 생각 하면서 풀이과정, 계산식 등을 종이에 적어 보 도록 안내한다. • 왜 그렇게 생각하나요? • 짝꿍과 함께 자신이 문제를 해결한 과정을 나 누고 서로 의견을 교환해 본다. • 교사는 교실을 둘러보며 학생들의 활동을 적 극 경청한다. • 학생들이 문제를 해결한 다양한 방법을 분류 하고 그림이나 기호를 사용하여 해결한 학생 에게 풀었던 방법을 돌아가면서 직접 설명하 도록 안내한다. • 교사가 직접 풀이를 설명해 준다.		◎학습지 ※자신만의 전략 으로 최대한 문 제를 해 결 할 수 있도록 하 고 교사는 돌 아다니면서 확 인한다. ※어떻게 계산할 지 이야기를 나 눈 후 절차를 따라 나눗셈을 지도한다.
		○ 160에는 20이 몇 번 포함되는지 생각하기 ○ 160에서 20을 몇 번 빼면 0이 되는지 알기 ○ 16에서 2를 몇 번 빼면 0이 되는지 알기 ○ 160÷20과 16÷2의 몫 비교하기 ○ 160÷20 머릿셈, 필산하기		

• 교사와 자신의 풀이 방법의 차이점을 구분하고 학생들의 질문을 통해 해결 방법이 명확해질 수 있도록 한다.

> ① 빼기를 사용하는 경우에는 160에서 20을 몇 번 빼야 0이 되는지 그 수를 측정한다. 160−20−20−20−20−20−20−20−20=0, 20을 8번 빼서 0이 되었으므로 8개씩 나누어 준다.
> ② 나눗셈을 사용하는 경우에는 160에서 20을 나누면 몫이 8이 되는 것을 알게 된다.
>
> $$20\overline{)160}$$
> $$\underline{160}$$
> $$0$$
>
> ③ 곱셈을 사용하는 경우에는 20과 어떤 수를 곱하면 160이 되는지 구하도록 하여 8임을 보인다.

※한 문제를 푸는 과정에서 세 가지 풀이 방법이 있으며, 그중에 나눗셈을 활용한 두 번째 방법을 강조한다.

활동 2
인지적으로
안내된 교수

❖ 〈활동 2〉 175 ÷ 20 알기

▷ 교사는 문제를 칠판에 제시한다.

• 다음 문제를 읽어 봅시다.

> 영식이는 구슬을 175개 가지고 있다. 20개가 들어가는 상자에 구슬을 담으려면 몇 상자가 되고 또한 몇 개의 구슬이 남는가?

• 이 문제를 해결하기 위해 어떻게 해야 하나요?
• 연습지(A4)를 한 장씩 나누어 주고 각자 문제에 대해 생각해 볼 시간을 준다. 문제를 생각하면서 풀이과정, 계산식 등을 종이에 적어 보도록 안내한다.
• 왜 그렇게 생각하나요?
• 짝꿍과 함께 자신이 문제를 해결한 과정을 나누고 서로 의견을 교환해 본다.
• 교사는 교실을 둘러보며 학생들의 활동을 적극 경청한다.

10′

◎학습지
※자신만의 전략으로 최대한 문제를 해결할 수 있도록 하고 교사는 돌아다니면서 확인한다.

※어떻게 계산할지 이야기를 나눈 후 절차를 따라 나눗셈을 지도한다.

| | | • 학생들이 문제를 해결한 다양한 방법을 분류하고 그림이나 기호를 사용하여 해결한 학생에게 풀었던 방법을 돌아가면서 직접 설명하도록 안내한다.
• 교사가 직접 풀이를 설명해 준다.

ㅇ 175에서 20을 몇 번 뺄 수 있는지 알기
ㅇ 나머지는 얼마인지 알기
ㅇ 175÷20의 몫과 나머지 알기
ㅇ 175÷20 머릿셈, 필산하기
ㅇ 계산한 몫과 나머지가 옳은지 검산하기

• 교사와 자신의 풀이 방법의 차이점을 구분하고 학생들의 질문을 통해 해결 방법이 명확해질 수 있도록 한다.

① 빼기를 사용하는 경우에는 175에서 20을 몇 번까지 뺄 수 있는지 알아본다. $175-20-20-20-20-20-20-20-20=15$, 20을 8번 뺄 수 있고 나머지가 15가 됨을 알 수 있다.
② 나눗셈을 사용하는 경우에는 175에서 20을 나누면 몫이 8이 되고 나머지가 15가 되는 것을 알게 된다.

$$20{\overline{\smash{\big)}\,175}}$$ 몫 8, 160, 나머지 15

③ 곱셈을 사용하는 경우에는 20과 어떤 수를 곱하면 175에 가장 가까워지고 나머지 구슬이 몇 개가 남는지 구하도록 한다. | ※한 문제를 푸는 과정에서 세 가지 풀이 방법이 있으며, 그중에 나눗셈을 활용한 두 번째 방법을 강조한다. |
| 활동 3
미션
해결하기 | ✤ 〈활동 3〉 미션 해결하기
▷ '진짜 사나이'에서 헨리가 가지고 있는 문제를 해결해 보기
• 학습지에 자신만의 문제해결 방법으로 문제를 해결하고 친구들과 생각을 비교해 본다. | 10′ | ◎곱셈과 나눗셈이 함께 적용된 문제해결하기 |

		○ (10×12)에서 10을 몇 번 뺄 수 있는지 알기		
		○ 120에는 10이 몇 번 포함되는지 생각하기		
		○ 120에서 10을 몇 번 빼면 0이 되는지 알기		
		○ 120÷10 머릿셈, 필산하기		

• 교사와 자신의 풀이 방법의 차이점을 구분하고 학생들의 질문을 통해 해결 방법이 명확해질 수 있도록 한다.

※한 문제를 푸는 과정에서 세 가지 풀이 방법이 있으며, 그중에 나눗셈을 활용한 두 번째 방법을 강조한다.

> ① 빼기를 사용하는 경우에는 120에서 10을 몇 번 빼야 0이 되는지 그 수를 측정한다. 120-10-10-10-10-10-10-10-10-10-10-10-10=0, 10을 12번 빼서 0이 되었으므로 한 소대원에게 12개씩 나누어 준다.
> ② 나눗셈을 사용하는 경우에는 120에서 10을 나누면 몫이 12가 되는 것을 알게 된다.
>
> $$10\overline{)120}$$ 의 몫 12, 120, 나머지 0
>
> ③ 곱셈을 사용하는 경우에는 10과 어떤 수를 곱하면 120이 되는지 구하도록 하여 12임을 보인다.

| 적용 및 발전 | 학습 내용 정리 및 차시 예고 | ♣ **학습 활동 정리하기**
 ▷ 오늘 학습한 내용 정리하기
 • 오늘 배운 내용은 무엇입니까?
    – 주어진 문제에서 나눗셈의 자신만의 전략을 설정하고 설명하기

 ▷ 과제 제시 및 차시 예고하기
 • 수준별 과제 제시
 • 차시 예고
    – (세 자리 수)÷(두 자리 수)의 계산 알아보기 | 5′ | ◎ppt
 ※생활 속에서 나눗셈 상황을 찾아보도록 한다. |

❏ 본시 평가 계획

평가 영역	평가 내용	평가 방법	평가
교과 학습 목표	■ (세 자리 수) ÷ (몇 십)의 계산원리를 이해하는 가?	관찰 평가	활동 적
	■ (세 자리 수) ÷ (몇 십)의 몫과 나머지를 구할 수 있는가?	관찰 평가	활동

9
CGI 활동지

교과: 수학	단원(차시):	2. 곱셈과 나눗셈 (○/12)
학년: 4-○		(세 자리 수) ÷ (몇 십)

초등학교
4 학년   반   번

활동지 1   **인지적으로 안내된 교수**

〈자신만의 방법으로 문제를 해결할 수 있다.〉

☐ 영수는 초콜릿을 250개 가지고 있었는데 같은 반 친구들 50명에게 나누어 주고자 한다. 몇 개씩 나누어 주어야 하는가?

단계 1) 스스로 시간을 가지고 문제의 해결과정을 써 본다.

단계 2) 자신의 과정을 발표해 본다.

단계 3) 식이나 답이 다른 친구와 다른 경우 왜 다른지 설명해 본다.

☐ 지은이는 구슬을 293개 가지고 있다. 30개가 들어가는 상자에 구슬을 담으려면 몇 상자가 되고 또한 몇 개의 구슬이 남는가?

단계 1) 스스로 시간을 가지고 문제의 해결과정을 써 본다.

단계 2) 자신의 과정을 발표해 본다.

단계 3) 식이나 답이 다른 친구와 다른 경우 왜 다른지 설명해 본다.

활동지 2 　　　인지적으로 안내된 교수

〈자신만의 방법으로 문제를 해결할 수 있다.〉

☐ 명철이는 학교에서 부상으로 초코파이 20박스를 받았다. 함께 지내는 친구들 30명에게 똑같이 나누어 주려면 초코파이를 몇 개씩 나누어 주어야 하는가?

단계 1) 스스로 시간을 가지고 문제의 해결과정을 써 본다.

단계 2) 자신의 과정을 발표해 본다.

단계 3) 식이나 답이 다른 친구와 다른 경우 왜 다른지 설명해 본다.

☐ 사랑이는 초코바 275개를 친구들에게 주려고 30개씩 선물 포장을 하려고 한다. 포장된 선물은 몇 개이고 남은 초코바의 수는 몇 개인가?

단계 1) 스스로 시간을 가지고 문제의 해결과정을 써 본다.

단계 2) 자신의 과정을 발표해 본다.

단계 3) 식이나 답이 다른 친구와 다른 경우 왜 다른지 설명해 본다.

10
CGI 평가지

교과: 수학	단원(차시): 2. 곱셈과 나눗셈 (○/12)	
학년: 4-○	(세자리 수) ÷ (몇십)	초등학교 4 학년 반 번

평가지 1   **인지적으로 안내된 교수**

〈자신만의 방법으로 문제를 해결할 수 있다.〉

☐ 영수는 초콜릿을 250개 가지고 있었는데 같은 반 친구들 50명에게 나누어 주고자 한다. 몇 개씩 나누어 주어야 하는가?

단계 1) 스스로 시간을 가지고 문제의 해결과정을 써 본다.

① 빼기를 사용하는 경우에는 250에서 50을 몇 번 빼야 0이 되는지 그 수를 측정한다. 250-50-50-50-50-50=0, 50을 5번 빼서 0이 되었으므로 5개씩 나누어 준다.
② 나눗셈을 사용하는 경우에는 250에서 50을 나누면 몫이 5가 되는 것을 알게 된다.
③ 곱셈을 사용하는 경우에는 50과 어떤 수를 곱하면 250이 되는지 구하도록 하여 5임을 보인다.

$$\begin{array}{r} 5 \\ 50\overline{)250} \\ 250 \\ \hline 0 \end{array}$$

단계 2) 자신의 과정을 발표해 본다.

단계 3) 식이나 답이 다른 친구와 다른 경우 왜 다른지 설명해 본다.

①②③ 세 가지 풀이 방법 중에서 하나로 푼 경우에 다른 두 가지 방법도 있음을 친구들과 서로 이야기한다. 자신의 방법만이 옳은 것이 아니라 문제를 해결하는 데 다양한 해결 방법이 있음을 알도록 한다.

☐ 지은이는 구슬을 293개 가지고 있다. 30개가 들어가는 상자에 구슬을 담으려면 몇 상자가 되고 또한 몇 개의 구슬이 남는가?

단계 1) 스스로 시간을 가지고 문제의 해결과정을 써 본다.

① 빼기를 사용하는 경우에는 293에서 30을 몇 번까지 뺄 수 있는지 알아본다. 293-30-30-30-30-30-30-30-30-30=23, 30을 9번 뺄 수 있고 나머지가 23이 됨을 알 수 있다.
② 나눗셈을 사용하는 경우에는 293에서 30을 나누면 몫이 9가 되고 나머지가 23이 되는 것을 알게 된다.
③ 곱셈을 사용하는 경우에는 30과 어떤 수를 곱하여 293에 가장 가까워지고 나머지 구슬은 몇 개인지 구하도록 한다.

$$\begin{array}{r} 9 \\ 30\overline{)293} \\ 270 \\ \hline 23 \end{array}$$

단계 2) 자신의 과정을 발표해 본다.

단계 3) 식이나 답이 다른 친구와 다른 경우 왜 다른지 설명해 본다.

①②③ 세 가지 풀이 방법 중에서 하나로 푼 경우에 다른 두 가지 방법도 있음을 친구들과 서로 이야기한다. 자신의 방법만이 옳은 것이 아니라 문제를 해결하는 데 다양한 해결 방법이 있음을 알도록 한다.

평가지 2	인지적으로 안내된 교수

〈자신만의 방법으로 문제를 해결할 수 있다.〉

❑ 명철이는 학교에서 부상으로 초코파이 20박스를 받았다. 함께 지내는 친구들 30명에게 똑같이 나누어 주려면 초코파이를 몇 개씩 나누어 주어야 하는가?

단계 1) 스스로 시간을 가지고 문제의 해결과정을 써 본다.

① 빼기를 사용하는 경우에는 240에서 30을 몇 번 빼야 0이 되는지 그 수를 측정한다. 240-30-30-30-30-30-30-30-30=0, 30을 8번 빼서 0이 되었으므로 한 친구에게 8개씩 나누어 준다.

② 나눗셈을 사용하는 경우에는 240에서 30을 나누면 몫이 8이 되는 것을 알게 된다.

③ 곱셈을 사용하는 경우에는 30과 어떤 수를 곱하면 240이 되는지 구하도록 하여 8임을 보인다.

$$\begin{array}{r} 8 \\ 30\overline{)240} \\ \underline{240} \\ 0 \end{array}$$

단계 2) 자신의 과정을 발표해 본다.

단계 3) 식이나 답이 다른 친구와 다른 경우 왜 다른지 설명해 본다.

①②③ 세 가지 풀이 방법 중에서 하나로 푼 경우에 다른 두 가지 방법도 있음을 친구들과 서로 이야기한다. 자신의 방법만이 옳은 것이 아니라 문제를 해결하는 데 다양한 해결 방법이 있음을 알도록 한다.

❑ 사랑이는 초코바 275개를 친구들에게 주려고 30개씩 선물 포장을 하려고 한다. 포장된 선물은 몇 개이고 남은 초코바의 수는 몇 개인가?

단계 1) 스스로 시간을 가지고 문제의 해결과정을 써 본다.

① 빼기를 사용하는 경우에는 275에서 30을 몇 번까지 뺄 수 있는지 알아본다. 275-30-30-30-30-30-30-30-30-30=5, 30을 9번 뺄 수 있고 나머지가 5가 됨을 알 수 있다.

② 나눗셈을 사용하는 경우에는 275에서 30을 나누면 몫이 9가 되고 나머지가 5가 되는 것을 알게 된다.

③ 곱셈을 사용하는 경우에는 30과 어떤 수를 곱하면 275에 가장 가까워지고 나머지 초코바는 몇 개인지 구하도록 한다.

$$\begin{array}{r} 9 \\ 30\overline{)275} \\ \underline{270} \\ 5 \end{array}$$

단계 2) 자신의 과정을 발표해 본다.

단계 3) 식이나 답이 다른 친구와 다른 경우 왜 다른지 설명해 본다.

①②③ 세 가지 풀이 방법 중에서 하나로 푼 경우에 다른 두 가지 방법도 있음을 친구들과 서로 이야기한다. 자신의 방법만이 옳은 것이 아니라 문제를 해결하는 데 다양한 해결 방법이 있음을 알도록 한다.

MEMO

찾아보기

👤 인명

📺 내용

김동일 교수

현재 서울대학교 사범대학 교육학과 교육상담전공 교수 및 대학원 특수교육전공 주임교수로 재직하고 있다. 서울대학교 교육학과를 졸업하고, 교육부 국비유학생으로 도미하여 미네소타대학교 교육심리학과에서 석 · 박사학위를 취득하였으며, Developmental Studies Center Research Associate, 한국청소년상담원 상담교수, 경인교육대학교 교육학과 교수, 한국학습장애학회 회장, 한국교육심리학회 부회장, (사)한국상담학회 법인이사, 한국청소년상담(복지개발)원 법인이사, (사)한국교육심리학회 법인이사를 역임하였다. 2002년부터 국가수준의 인터넷중독 척도와 개입연구 진행으로 정보화역기능예방사업에 대한 공로를 인정받아 행정안전부장관 표창(2009년)을 수상하였고, 한국상담학회 공인학술지 『상담학연구』 게재 우수논문으로 2014년 한국상담학회 학술상(등록번호 제21호, 2014-2)을 수상하였다. 현재 BK21Plus 미래교육디자인 연구사업단 단장, 서울대 다중지능창의성연구센터(SNU MIMC Center) 소장, 서울대 특수교육연구소(SNU SERI) 소장 및 한국아동청소년상담학회 회장, 한국인터넷중독학회 부회장, 여성가족부 청소년보호위원회 위원 등으로 봉직하고 있다. 『학습장애아동의 이해와 교육』 『학습상담』 『학교상담과 생활지도』 『학교기반 위기대응개입 매뉴얼』 『특수아동상담』 등 30여 권의 (공)저서와 200여 편의 국제 · 국내 전문 학술논문이 있고, BASA(읽기, 수학, 쓰기, 초기문해, 초기수학) 시리즈를 비롯한 10여 개 표준화 심리검사를 개발하였으며, 20여 편의 상담사례 논문을 발표하였다.

바사(BASA)와 함께하는
증거기반 수학 문장제 교수 – 학습 전략
Evidence-based Teaching Strategies for Math Word Problems

2015년 4월 30일 1판 1쇄 인쇄
2015년 5월 2일 1판 1쇄 발행

지은이 • 김동일
펴낸이 • 김진환
펴낸곳 • **(주)학지사**

　　　　121-838 서울특별시 마포구 양화로 15길 20 마인드월드빌딩
대표전화 • 02)330-5114　　　팩스 • 02)324-2345
등록번호 • 제313-2006-000265호

홈페이지 • http://www.hakjisa.co.kr
커뮤니티 • http://cafe.naver.com/hakjisa

ISBN 978-89-997-0685-1　93370

정가 17,000원

인터넷 학술논문 원문 서비스 **뉴논문** www.newnonmun.com

이 도서의 국립중앙도서관 출판시도서목록(CIP)은 서지정보유통지원시스템
홈페이지(http://seoji.nl.go.kr)와 국가자료공동목록시스템(http://www.
nl.go.kr/kolisnet)에서 이용하실 수 있습니다.
(CIP제어번호: CIP2015012010)